# 历史的乡愁

## 中国文化演讲录

熊召政 著

陕西师范大学出版总社

图书代号：WX16N1122

**图书在版编目（CIP）数据**

历史的乡愁：中国文化演讲录/熊召政著. —西安：
陕西师范大学出版总社有限公司，2016.10（2018.8重印）
ISBN 978-7-5613-8652-1

Ⅰ.①历… Ⅱ.①熊… Ⅲ.①社会科学—演讲—
中国—文集 Ⅳ.①C53

中国版本图书馆CIP数据核字（2016）第224969号

历史的乡愁——中国文化演讲录

熊召政　著

| | | |
|---|---|---|
| 选题策划 | 善书坊 | |
| 责任编辑 | 杨　珂 | |
| 责任校对 | 杜莎莎 | |
| 出版发行 | 陕西师范大学出版总社 | |
| | （西安市长安南路199号　邮编：710062） | |
| 网　　址 | http://www.snupg.com | |
| 印　　刷 | 西安市建明工贸有限责任公司 | |
| 开　　本 | 787mm×1092mm　1/16 | |
| 印　　张 | 15 | |
| 插　　页 | 2 | |
| 字　　数 | 150千 | |
| 版　　次 | 2016年10月第1版 | |
| 印　　次 | 2018年8月第3次印刷 | |
| 书　　号 | ISBN 978-7-5613-8652-1 | |
| 定　　价 | 36.00元 | |

读者购书、书店添货或发现印装质量问题，请与本公司营销部联系、调换。
电话：（029）85307864　85303629　传真：（029）85303879

# 目录

# 楚人的文化精神

一

很高兴今天能够来到这座讲堂，与同学们做一次交流。在中国九百六十万平方公里的土地上，如果还有那么几块土地，能够生长我们的民族智慧之树和人文精神之花的话，那么我脚下的这块土地，就是我们的未名湖畔——北大校园，应该属于最肥沃的一块了。因此，来到这里和同学们交流，对我来讲是一种幸运。在这里，我可以感受到很多过往的文化大师的呼吸，看到他们的学术剪影，他们给了我很多温馨的人文回忆与怀念。今天，我在这里没有能力像大师们那样跟你们进行正宗的学术探讨，我只能浮光掠影地说一些我对楚文化的认识与思考。

我曾对朋友们讲过，我们的高考应该出这样一道题目，什么题目呢？就是：为什么我们的民族叫"中华民族"？为什么我们的国家叫"中国"？这两个题目里面蕴含着我们这个民族文化的地域流向。中华的最初定义是黄河流域的中部。有一个说法：山西和陕西交界的地方有两座山，一座是中条山，还有一座是华山，这两座山连在一起被称为中华。姑存此说。由此也可见，中华民族最早发源地是在黄河流域。伟大的黄河，那是一条流淌着东方人文的河流。在我少年的时候，我曾坐在羊皮筏上渡过黄河。面对黄河壮丽的落日，我当时不知道这条河流有多么伟大，只是觉得它很年轻，很有气势，它的波涛像橘红色的晚霞一样吸引我、亲近我。后来，当我知道我们"中华"就是在这里产生的时候，我对它表示了敬畏和亲近。

　　中国文化的发源可以追溯到五千多年前，但是向世界散发出迷人光彩却是在春秋战国时期，特别是公元前6世纪到公元前5世纪之间，以及稍后的战国时期，一大批文化巨匠涌现在中国大地上，例如老子、孔子、庄子、墨子、荀子、孟子、韩非子等等，被我们统称为先秦诸子百家。"春秋"一词不仅仅指一个时代，亦是一个哲学命题，这种哲学观念渗透在《易经》之中。"春"为阳之中，"秋"为阴之中。阴阳平衡的状态，就是"中"的状态。这个"中"，就是和谐，就是吉祥。我们的祖国以"中"命名，说明我们这一片土地，以及生活在这片土地上的中华民族，从一开始就是热爱和平的，追求和谐的生活之美的。所以说，"中国"这个国家的名字蕴涵了很深的东方哲学意味。

中华文化虽然诞生于黄河流域，但到了春秋战国时期，它开始向南方的长江流域拓展。我们的先民，当他们逐水而居，慢慢由黄河流域向南方发展的时候，长江就成为继黄河之后的另外一个中华文化的源头。黄河与长江，都是我们民族的母亲河。两大地域文化，呈现了中华文化的雄奇瑰丽，它们的美丽的姿态，就是龙凤呈祥。长江流域文化最具有代表性的，最早向我们的文明世界发出灿烂光芒的，就是我今天要讲的"楚文化"。与它先后出现的还有巴蜀文化、吴越文化。但相比之下，春秋时代的楚文化最为大气，最为辽阔。巴蜀的巫风，吴越的歌谣，虽然也让人向往远古的风流，但毕竟我们只能从楚辞与屈原的诗歌当中看到当时南方充溢的魔幻与想象。

二

关于长江文化的特征，我曾说过，万里长江如果按区域划分的话，大致可分为三个文化形态：第一个是巴蜀文化，第二个是荆楚文化，第三个是吴越文化。巴蜀文化展现的是诡异和瑰丽，荆楚文化展现的是辽阔和大气，而吴越文化展现的则是秀美和精细。这三种文化风格不同，各有特色。将其对应于人才来表达，就是巴蜀出鬼才，荆楚出天才，吴越出人才。我这么说，并无意于对这三种人才的表现方式做优劣的比较，只是按照人才的类型和特征进行分类。

中国地形的大致走向决定了区域文化的走向。中国的高山大都在西部，它们一直向东绵延下来，或许中间有大山突起，但是总体的海拔趋势是渐趋平缓的。因此四川有众多的奇山异水，有众多像九寨沟那么美丽的风光。地灵必定人杰，所以它才滋养出了李白、苏东坡、郭沫若那样一些想象奇异的伟大的文学家，还有我们的小平同志这样伟大的政治家。按我们现在来说，他们都是不按常规出牌的伟人，"得地气之先"嘛。《易经》六十四卦之首乾卦，所对应的方位是西，对应的五行是金，对应的颜色是白色。大家知道，中国有很多美丽的雪山都在西部，它们都是白色的。我前段时间刚去了有"蜀山之王"之称的贡嘎雪山，海拔将近八千米，站在雪山之下，我感到耀眼的白色是一种去伪存真的礼赞。在这片充满神奇的土地上，产出的人才大都充满了诡气。这叫"山水钟灵秀"。

当长江流到三峡，切开夔门流入湖北的时候，这条大动脉便产生了变化。杜甫写过这样的诗句："众水会涪万，瞿塘争一门。"当所有的水，千军万马一般咆哮着冲出窄小的夔门，突然感到天地是如此地宽阔。这片宽阔的土地就是莺飞草长的江汉平原，就是孕育了灿烂文化的荆楚大地。

古时的楚国，从今天的地理看来，中心是在湖北。湖北是楚文化的发源地和核心。当年楚国的疆域，就是今天的中部地区。中部六省，除山西之外都是楚国的，包括河南、安徽、湖北、湖南、江西和江苏徐州的一部分。楚国当时地处中原，历来是兵家必争之地。特定的环境，导致这一区域产出的人才都有一种非常硬朗强健的风格，所以说荆楚出天才。天才是不可复制的，天才更是不按照游戏规则出牌的。像我写过的明代万历首辅张居正，像我们的开国领袖毛泽东，都是这一类天才。毛泽东年轻的时候，以诗明志："自信人生二百年，会当水击三千里"，真是同学少年，神采飞扬。若干年后，他又写道："俱往矣，数风流人物，还看今朝"，"粪土当年万户侯"。这就是他的诗句，雄健的诗句，天才的诗句。他给自己定位：要做一番前无古人的事业。共产党人的事业的确是前无古人的。这就是楚文化刚烈到极致的表现。

我们再说说吴越。当长江流过巴蜀与荆楚之后，那些刻在滟滪堆上、刻在荆江大堤上的噩梦般的记忆，一进入江苏之后，都化作了桨声灯影。中国南方的母亲河在她的下游如此柔顺，两岸的土地都变得那么温和，那么充满诗意。所以说吴越尽得东南地利，很少有天灾。在历史上，它一直是中国的膏腴之地，真正的鱼米之乡。正由于这样，这片土地上的人很少为生计犯愁，财富蓄积得多，生活必然精致，人也会变得优雅。所以，吴越地区自唐宋之后，一直到今天，总是人才辈出。这里的人才大都是治世之才，精于理财、治国。天才和鬼才不可复制，但人才却是可以培养的。在吴越这种纸醉金迷之地，历史上也产生了不少温婉的故事，比如"梁祝"这样凄婉的爱情。爱情在不同的地域有不同的表达方式，在吴越这片土地上，爱情的表现形式就是像"梁祝"那样生死相依，在巴蜀的表现就是卓文君的大胆私奔。这就是一方水土养一方人，一方文化有一方的表现形式。

以上三种文化风雷激荡，交相辉映，一起构成了长江文化的灿烂。这种灿烂既是历史的，也是现实的。作为长江文化最重要的组成部分，我们的楚文化，最早的发源地就是在荆江这一段。长江冲出夔门流入武汉之前的这一段，俗称荆江。荆江是因荆山而得名。荆山就是楚国的发祥地。春秋早期，楚国是一个很小很小的侯国，它封闭在荒山野岭之中，就是今天神农架下的鄂西北这一带，叫荆山山脉。楚国八百年的根基，就是从荆山开始的，后人称它为"筚路蓝缕，以启山林"。当时只有数千人的一个小小的部落，在荆山上生息繁衍。他们披着兽皮，穿着极为简陋的衣服，制作粗劣的陶器，谁会想到他们最后会创造出如此灿烂的文化呢。

我刚才看到，大厅里安放着一只安阳市政府赠送的大鼎，是复制的春秋早期的作品，这是黄河流域文化的杰作。前不久，我在湖北随州还看到了曾侯乙墓中出土的那些精美的青铜器，其制造技术远远超过黄河流域。我不由得赞叹，伟大的楚国先民，经过几百年的奋斗，终于从一个落后卑微的部落发展壮大成为中原霸主，成为唯一能够与秦文化抗争的南方文化的代表。这是真正的"中部崛起"啊！它征服过吴越，击败过巴蜀，但杀伐并不是目的，楚人的最可贵之处就是把每一个地方的文化都保留下来，兼收并蓄，博采众长。这是一种开放的文化心态。当一个部落或民族知识层次比较低，而又有一种急于扩张和壮大自己的雄心时，那么这个部落、这个民族的希望只能存在于"网罗天下之才尽为己用"，这种宽广的胸襟，在楚人最早的文化里体现得淋漓尽致。

湖北省博物馆藏有一尊精美的青铜器——鹿角立鹤，荆州博物馆藏有一尊精美的漆木器——虎座鸟架鼓。前者是一只修长的立鹤，却长着一双吉祥的鹿角；后者是卧虎上站着两只鸟，形成一只圆弧的鼓架。可以说，此二者都是楚国艺术的代表作。楚人可以把山中之王——虎，和空中飞翔之灵——鸟，以优美的线条构图，愉悦地结合在一起。这种变形艺术，在今天看来好像很平常，可最早这样做的人，一定是一个伟大的艺术家。

楚文化在这样的发展与融合的过程中，变得非常地艺术和非常地贵族气，这种"贵族气"会把他们的生活变得非常优雅，非常精致。但是，在用战争来给历史定义的时代，优雅的贵族往往不堪一击。所以，楚人的鹿角立鹤无法抵挡秦国的金戈铁马，最终产生了灭国的悲剧。楚国因为发展文化而灿烂，也因为发展艺术而最终丧失了英雄的称号。所以说，当我们的生活用战争来定义的时候，成熟的楚文化没有显示出它的伟大；当我们的生活以和谐与发展来定义的时候，远古的楚文化的优势便会明显体现。因为它不是一个战争的文化，而是一个艺术的文化，是一个把生活的快乐发挥到极致，把艺术发挥到一个灵性高度的文化。

三

这种文化特点作用于"人"，便构成了楚人的精神气象。在这里我要讲三个人，他们身上集中体现了楚文化的特点。第一个人是卞和。这位楚国早期的贤人，在荆山上发现一块玉，他自信这是天下最好的一块玉，因此决定把这块玉献给楚王。可是楚王不相信他，他因此被斩断了双脚。但是，不管经历多少难以想象的痛苦，不管经受多少坎坷和折磨，卞和也决不改变自己的信念，坚信自己手上有一块举世无双的玉。

第二个人是春秋晚期的伍子胥。伍子胥的家族是楚国的贵族，一连三代，都是楚国身份显赫的大臣。伍子胥的父亲和哥哥，因为反对楚平王纳自己的儿媳为王后，都被楚平王杀掉。伍家被杀三百余口，几乎被灭门。伍子胥只身逃出昭关时，对暗中帮助他脱离险情的好朋友申包胥说："我从此以后的志向，就是消灭楚国。"申包胥回答："如果你灭了楚国，我将重新振兴楚国。"十六年以后，伍子胥带着吴国的大军，把楚国的都城郢都，也就是今天的荆州夷为平地，实现了他复仇的理想。之后，申包胥带着他苦苦求来的秦国救兵重新恢复了楚国。我们常常说一诺千金，但真正做到这一点很难。伍子胥和申包胥两人都做到了，他们都是君子，都是英雄，都是贵族。他们两个人的理想截然不同，甚至是对立的，但这并不妨碍他们成为惺惺相惜的好朋友。我认为这一点尤其难得，这是春秋战国时期贵族政治的特点。政治家们都为理想而生，为理想而死，一旦说到就必须做到，这是何等健康的人生啊！

第三个人是战国时的屈原，他对他的祖国充满了深切的感情。最后他看到楚国覆亡，便义愤地投江而死，表现了"宁为玉碎，不为瓦全"的士大夫精神。

以上这三个人基本上把楚人性格表现得淋漓尽致。从他们身上，我们看到一种什么样的气质呢？强悍，刚毅，不屈不挠，决不拿自己的原则来做交易。他们既不像巴蜀人那样悠闲、怡然自得，也没有吴越人那么谦谦君子。楚国的地理形势决定了楚人的文化品格。刚才我说了，整个中部地区从来都是逐鹿之地，几乎所有的政权更迭都是在这片土地上发生的。中原逐鹿，已成了争夺天下的代名词。楚地长期饱受战争的蹂躏，这片土地上的人们便丧失了他们强盛时期的优雅，更多地以强悍来表现和定义自己的区域文化了。历朝历代，这片土地英雄辈出，但它缺少一些温婉，缺少一些圆融。

那一年我去鸡足山拜佛，在金顶上，一个和尚对我说："夜观云气，中原大地的大乘气象很稀薄。"佛教分大乘和小乘，小乘讲究自修，大乘讲求普度众生。中国佛教属于大乘。我问老和尚，哪儿有大乘气象？他说："西北，在西北的雪山上，有修行的与世隔绝的高人。"佛教讲的大乘气象，其精神表现就是一种圆融，一种谦和。而我们中部更多表现出来的是刚烈。中国的西部，在很偏僻的深山里都可以看到很精致的寺庙。我到了巴蜀，见到那儿每一个寺庙的香火都很旺。这种情况在吴越地区也很普遍。今年5月，我去了浙江宁波的天童寺，感到那儿的晨钟暮鼓依旧敲得像千年前一样响。尽管那里现代化的节奏非常快，可是它依然保留了一些传统的美好的东西，让自己与俗世保持一些距离，保有一块心灵的净土。中部地区以湖北为代表，就不可能那么优雅。你很难想象陆游，这位生在绍兴的浙江人，纵然身历战难，依然保持着诗人的童真。他在过四川剑门关的时候，写下"细雨骑驴入剑门"，这诗句多么飘逸啊！面对 "一夫当关，万夫莫开"的雄关景象，他依然想到以一个诗人的方式表达自己的情感，在潇潇的春雨中，不是骑一匹战马，而是骑一头小驴子经过剑门关。可是诞生在中部地区的诗人，都没有这么从容不迫，这么潇洒飘逸。李白在湖北安陆住了十年，史称"酒隐安陆，蹉跎十年"。他受到楚人的感染，发出的歌声是"我本楚狂人，凤歌笑孔丘"。大概李白是想，我既生活在湖北，就要像湖北人一样敢于藐视孔子。这位诗仙，一点都没有"细雨骑驴入剑门"的优雅，有的是天风海雨似的呼啸。因此从这个角度讲，楚文化鲜明的地域性，虽不具备排他性，但也很难为其他文化所融合。

# 四

刚才我说的那三个古代的楚人，反映出楚文化发展到中期的特点，第一个是执着。那年，我同我的一个商人朋友讲，我现在准备写历史小说《张居正》。他问我：你准备花多长时间？我说：十年。他听了就跳起来说：十年？你生命中有几个十年？你自己也是经商的，你算算你的机会成本，算算成本有多高，你写小说成功与否是一个未知数，十年是一个已定的时间。你花十年去赌博，去做一件不知道会不会成功的事，值得吗？我当时回答他说：我是一个有"故乡"的人。他说：谁没有故乡啊。我说：不，你没有故乡，你的生活之舟在汪洋大海上漂，漂到哪是哪。而我最终的"故乡"是文学，虽然我一次又一次地离开它，但我会一次又一次地回来。中间不管我去了哪里，最终我都会回来。其实当时我还有一句话没说出来，我这么做是因为我是一个湖北人，我身上有楚人鲜明的特点。伍子胥用十七年时间完成复仇，他成功了；卞和献玉，他不知道他的玉是否会被世人承认并因此变成了终生残疾，最后他也成功了；屈原不愿接受灭国的现实而投江，他写过"虽九死其犹未悔""路漫漫其修远兮，吾将上下而求索"这样的诗句。楚人的这一份执着，薪火传承，一代又一代。这种血液，这种生命的印记，是无法改变的。它流到我这一代楚人的身上，成为我的基因，我的动力。今天，我的书得到了大家的肯定，但是当时我决定拿出十年时间写这本书的时候，在我看是执着，在别人看是冒险。我在写作《张居正》的过程中，没有任何功利的心理影响我。我非常敬仰屈原。他在投江自杀前有这样一段故事。一个渔夫劝他：你为什么一定要按你的生活方式生活呢？你应该迁就世俗，接受命运给你的安排。但是屈原不接受，他拒绝把自己的理想与生命进行交换。这就是活得有原则，活得有理想，这个理想和原则，就是来源于执着。

楚人的第二个特点，担当。担当天下事，慨然以天下为己任，这是楚人精神的另外一个特点。毛泽东曾经非常浪漫主义地说"遍地英雄下夕烟"，在他的眼中，他所见到的人都是英雄。这种心胸可了不得。我看了明人写的一部札记，记载这样一则故事，燕王朱棣住在北京的时候，一直很想从他的侄儿手上抢走皇位，可是他犹豫不决。这时候，他请来一个相面大师袁珙。袁珙到了北京后，很惊讶怎么街上的凡夫走卒都有英雄气概，都有王侯之相。袁珙见到朱棣之后，围着燕王转了三圈说：殿下天生龙种，长髯过脐，日后必得天下。三年后，四十四岁的朱棣当了明代第三个皇帝。北京城里的凡夫走卒因为都跟随他参加"靖难之役"，从北京打到南京，所以都成了功臣。论功行赏，有的当了诸侯，有的当了将军，果然应了袁珙的判断。那一年，我到红安县采风，这个县是有名的将军县，出了两百多名将军。离开时，县里领导一定要我写一点东西，仓促之下，我写了一首诗："我爱红安五月花，杜鹃如血血如霞。如何二百屠龙将，尽出寻常百姓家。"为什么那么多农民出身的孩子，最终都成了共和国的将军呢？这就是楚人的担当精神的表现，一旦改朝换代，楚人的担当精神就会迸发，成为一股摧枯拉朽的伟大力量。但是这个担当精神是要付出代价的，像我说的伍子胥。在那个时代实现理想还比较容易，因为那个时候，中国还没出现那么多的权谋。所以我说春秋时代的政治是一种贵族政治，伍子胥身上有着英雄加贵族的气质。两千年之后，轮到张居正来挽救明代国运，那是一个遍地小人的时代。当一个英雄要展开他富国强兵的愿望，想实现他书生的梦想，他就不得不面对那么多的小人和陷阱。所以，张居正在上任之初，说过一段话："虽万箭攒体，不足畏也。"意思是我现在当了首辅，为了富国强兵的理想，哪怕前面都是陷阱，哪怕所有的乱箭射穿我的身体，也绝不后悔。李清照写了一首诗："生当作人杰，死亦为鬼雄。"我非常奇怪，这么一个柔弱的女子，怎么能写出这样荡气回肠的诗句呢？而真正做到"生当作人杰，死亦为鬼雄"的就是伍子胥、屈原、张居正这样一些英雄人物。

楚人精神的第三个特点就是富有艺术性。小时候听人说"钟鸣鼎食之家"，我就感到很奇怪，"钟鸣鼎食"是什么意思？后来随州出土了曾侯乙编钟才知道，钟鸣是古代最好的交响乐，是在家人吃饭时敲响的。把生活极度艺术化，这是楚国人割舍不下的一种享受。但这里面特别要澄清的一个事情是：让国家沉浸在艺术氛围中是一件好事，但是，如果政治家以艺术手法和方式来管理国事，那恐怕就是一种谬误，就会出问题。中国历史上有两个很有艺术气质的皇帝，一个是南唐李后主，一个是宋徽宗，最后两个人都成了亡国之君。李后主所有的才情，换得的是"最是仓皇辞庙日，两行清泪对宫娥"这样一种结局。所以，这里讲的，政治的艺术和艺术的政治是两回事。政治的艺术有一种特定的艺术思维，给政治注入想象力。这是楚人出身的政治家的一大特点。怎么理解这句话呢？比如说，毛泽东要搞"大跃进"，目的是超英赶美，这个举措是充满想象的，虽然后来失败了，但是他这个人就是敢想敢做。还有张居正，当时在处理蒙古边境的问题时，他面对的现实情况是：自从明代开国以来两百多年，汉人和蒙古人的战争，从来都没有停止过。问题在于，蒙古人需要汉人的茶，汉人需要蒙古人的马。可是双方都不给予对方交易的便利，每年只有很小一部分的官方交易，就是"茶马交易"。在明朝方面，这个制度是祖宗定下来的，不可与异族通商。大家知道，在中国，凡事一涉及制度问题，就很难突破，哪怕明明这制度已不符合时代的需要，也不能更易，这就是国家停滞不前的原因之一。张居正上任以后，制定了一个政策，就是在蒙古人聚集的地方，设立多个贸易点，最大的一个贸易点叫板升。就像小平同志设立深圳特区一样，张居正在汉、蒙之间设立了一个板升城，这是一个很大胆的设想，是突破祖制的壮举。当时也有很多大臣以"违背祖制"而极力反对，但张居正顶住压力，把这件事办成了。此举不仅一劳永逸地解决了汉、蒙两族之间的战争，而且让边境地区的居民从此安居乐业。这个特区就是今天内蒙古自治区首府所在地——呼和浩特。因为政治家的一项决策，塞外的茫茫荒原上诞生了一座城市，这就叫政治的想象力。不以常规处置国政，不以教条治理国家，而是用一种变通、崭新的思维来处理问题，这就是政治的艺术。这种艺术促进了国家的进步，是人民的福祉。

# 五

我们任何一个人在创造自己的事业时，不管是政治家、文学家，还是企业家，都面临着多种选择，但是有一个是你没有办法选择的，那就是时代。你说我要当伟大的诗人，但我必须回到唐朝去，这可能吗？马克思说：我们不能选择历史，但是历史选择了我们。我们不能选定时代来创造我们的事业，但是我们可以给这个时代注入新的定义，重新演绎我们生活的方式。世界上少有一种动物像老虎这么凶猛，像飞鸟这么灵动，楚国人把它们结合在一起，这就是一种想象。体现在艺术上就是变形，体现在政治上就是变通。有人讲，如果我生活在唐代，我会和李白是好朋友，在宋代会和苏东坡成为很好的朋友。我说，这是不可能的，历史不给你这种假设。历史只给你今天，只看你能否做今天的李白，今天的苏东坡。你不要去做历史的猜想者，你要积极而健康地处理你今天要做的每一件事情，要写的每一部作品。

自古以来，所有的政治家都把自己的国家当作一个作品来不停地修改，古今中外都一样。一代一代的政治家把中国改来改去，到现在，我们的"中国"有多少个版本？汉代称"大汉雄风"，唐代称"盛唐气象"，明清的版本，一直到今天我们中国的版本。你说哪一个版本是最好的版本呢？我们可以回头看过去，却很难定义要仿效哪一个版本来作为我们的选择。因此，今天的作家都有责任，把中国的不同版本生动地展现给大家看；而政治家的任务尤其重大，就是要从历史中开掘精神资源，来领导人民完成民族复兴的伟大事业。这个过程是艺术的过程，是筛选的过程，是创新的过程，既有理性也有激情。我们楚文化，在历史上曾经绽放出灿烂的光芒。但是我刚刚说过，当用战争定义我们的生活的时候，这个文化，立刻就像"鸡蛋碰石头"一样，不堪一击。为什么我们的楚人那么强悍，而我们的文化又表现出它的脆弱性呢？我想这就是文化的两端。

　　在今天的改革开放中，再不是"遍地英雄下夕烟"了，社会根据自己的需求，变成了"遍地商人下夕烟"。去年，有一位领导问我：你认为我们的楚文化在新的时代下，对"中部崛起"是具有帮助作用还是起到制约作用？我当时笑了笑，回答说："摇钱树"从来不可能长在疾风暴雨的环境中，也不可能长在贫瘠的土地上。如果我们要提高经济发展水平，那么我们就要增加更多的包容性，而稍稍减一点我们的刚毅。这片土地上曾经诞生过一个口号，影响很大，是农民起义领袖陈胜提出来的："王侯将相宁有种乎？"这就是西方所说的：不想当元帅的士兵不是好士兵。这个口号为培养天才而提出是可以的，但作为建设中的团队精神就有所欠缺。我们湖北有一种奇怪的动物——"九头鸟"，每个人都想当一个头，就是大家都想当领导，这样就缺乏一种和谐，缺乏团队精神。一鸟九头不好啊！在治世，就会政出多门，就会扯皮拉筋窝里斗。所以我说楚文化融入当今的时代，第一个要做到多一点包容，第二个是要减少一点个人主义色彩，就是说把天才的心态减一点。一片土地的风调雨顺，首先是每个人心理上的风调雨顺。到了这种"天人合一"的状态，"摇钱树"才有可能在这片土地上长成参天大树。一个伟大的国家，绝不可能是经济上的巨人，文化上的侏儒。当和谐不是一种愿望，而是一种现实时，我们的土地上还会产生老子和孔子，还会产生屈原这样一些文化巨匠和伟大的诗人。当前的中国，它提供的整个社会空间比过去的任何一个时代——不管是财富聚集的时代，还是群雄聚集的时代——都要大得多，我们的文化视野也变得阔大辽远。我坚信，当今之世，一流的政治家、一流的文学家都会出现，一流的企业家和商人也会应运而生。

最后一个问题，不断有人问我，"楚文化可以改造吗？"我的回答是可以的。当然，这个改造不是像动手术那样的改造，没有那么简单。文化的改造无异于基因的改造，过程是非常艰难的，不是一代人可以实现的。每一个人都要从自己做起，从每一件小事做起。当我们大家都变成谦谦君子的时候，春秋时期贵族政治的气候就会回来，我们的这片文化土壤上就会生长繁茂的奇花异草，那么楚文化再一次兴盛将指日可待。当然，我们的兴盛并不是对历史文化进行毫无选择的继承，而是重建我们的文化长城。"但使龙城飞将在，不教胡马度阴山"，要使"胡马"不度"阴山"，除了"飞将"之外，还要有我们的"长城"，我们新一代的文化长城没有建立，我们就不知道我们"故乡"的区域有多大，就不知道我们祖国的文化有多么宽阔。

我的演讲到此结束，谢谢大家！

2006年11月24日

在北京大学的演讲

# 重建诗意的生活

一

近年来，有一个声音令人颇为兴奋，那就是保护我们的环境，重建美丽的家园。

人类的历史是一部冲突与竞争并存的历史，它每前进一步，在获得新的生活的同时，也得到了新的忧患。改革开放二十多年来，中国的经济建设取得了举世瞩目的巨大成就。我们的改革开放有着无穷的动力，将整个中华民族的创造力顷刻间释放了出来，为了最快地、最大限度地获取财富，我们不惜牺牲一切。

今天，我们走在北京、上海、深圳等流光溢彩的现代化大都市里，面对那么多撼人心魄的风景，有谁不为我们这个民族选择的发展方向而骄傲？但是，当我们放宽视野，看到广袤国土上日渐萎缩的森林、污染严重的河流、日益扩大的沙漠以及城市里混浊的空气时，我们是否还能保持一颗快乐的心呢？

之所以这样说，是因为我看到，在把追求财富当成社会前进的唯一目标时，整个民族形成的心理趋同，已经产生了一股巨大的颠覆性的力量。这股力量既能颠覆我们代代相传的贫穷，也能颠覆我们这个民族特有的与自然两情相悦的理想生活。

中国的《易经》，是探讨人与自然关系的一部充满智慧的哲学大书。它的主旨，是探讨"道"的盈虚消长、穷通变化。所谓道，即是客观存在的自然法则。在这个法则里，人不可能成为自然的主宰，而只能是自然的一部分。我们的祖先看到这一点，因此提出了"天人合一"的观点。从这一观点出发，老子写出了《道德经》。在这部体现了东方智慧的著作里，老子告诉我们，只有遵循自然法则来处理自己的事务，或者说规范自己的生活，我们的心灵才拥有真正的美德。道与德的完美结合，就是古人所推崇并追求的"天人合一"的境界。

遗憾的是，人类的生活，很少能达到这一理想化的高度。迫于贫穷的压力以及对财富的永无休止的渴望，我们许许多多的同胞，自觉自愿地被改造成经济动物。在这种生存状态下，这些人已丢失了理想，支撑他们生命的，只有目的和动机。

# 二

我并不认为某一种社会形态下的文化模式是一成不变的，甚或是神圣不可侵犯的。但是在中华民族的传统中，如对自然的钟爱，对宇宙的敬畏，以及悲天悯人、忧患长存的智者情怀，我们的确不应该舍弃。

人与自然的完美结合，不但产生了历史久远的农业文明，也产生了我们诗意的生活。魏晋时期的陶渊明，为我们设计了一个"桃花源"；唐代的王维，为我们描绘了一个迷人的辋川。这两位才华横溢的大诗人，都把自己向往的居住环境描画成一个童话的世界。在古人看来，人与自然的关系，不仅仅是物质的，同时也是精神的，换句话说，美丽的家园亦是精神的故乡。

我个人认为，一个人精神世界的成熟，有两个显著的标志：一是充满爱心，二是存有敬畏。处理社会与自然的关系，先哲的态度是"有所为有所不为"。有所为者，是因为我们的爱；有所不为者，是因为我们的敬畏。

爱与敬畏，不仅仅是我们处理人类事务的法则，同时也是与自然相处的法则。诗仙李白优游于山水，发出了"相看两不厌，只有敬亭山"的感叹，从物我相吸到物我两忘，人与自然已经融合成一个美丽的整体；爱国词人辛弃疾行舟于水上，发出了"我见青山多妩媚，料青山见我应如是"的歌吟，这种充满爱意的表达，不仅仅是人的倾诉，它更是自然的声音。

但是，在我们的历史中，也有把爱变成恨，把敬畏变成无所顾忌的时候。20世纪中期，就曾有一个口号使我们的民族变得疯狂。这个口号是："与天斗，其乐无穷；与地斗，其乐无穷；与人斗，其乐无穷。"战天斗地，甚至同类相残，不仅仅成为一代人的理想，同时也成了他们畸形生活的写照。

这种斗争的生活使我们的民族一度妖魔化，我们像塞万提斯笔下的堂吉诃德一样，提着他可怜的长矛到处征战。我们不惜与自然为敌，得到的回报是，饥饿与贫穷像瘟疫一样紧跟着我们；而自然，也不再把我们当成朋友，地震、洪水、干旱……可怕的灾难接踵而至。此情之下，自然生态与精神生态都遭到了空前的破坏。天怒人怨，预示着一个时代的终结。

恨的终结并不等于爱的开始。当我们的民族从噩梦中醒来的时候，他首先获得的是身体的反应，而非灵魂的诉求。挨过鞭子的肌肤，感到疼；空洞洞的胃，感到饿。正是这样一些具体的感觉，决定了我们这个国家新的奋斗目标。"以经济建设为中心"这个基本国策的提出，其时代意义在于，我们的执政者终于明白了一个简单的道理：贫穷不是社会主义。只有消灭了饥饿，我们才有可能走向幸福的起点。

英国人文学家雅可布·布洛诺夫斯基讲过："人是非凡的，并不因为他从事科学，也不因为他从事艺术，而是因为科学和艺术都是人类头脑惊人的可塑性的表现。"中国二十多年来取得的经济建设的成就证明了这一点，中华民族虽然古老，但他的可塑性依然无与伦比。以阶级斗争为纲的时候，我们的国土上成长起一批又一批窝里斗的高手；当财富成为衡量一个人是非成败的尺度时，又有许多陌生的面孔，成为大众崇拜的对象。

## 三

每一个时代都有属于自己的弄潮儿，但历史的经验提醒我们，一个国家的命运不能与弄潮儿的兴衰联系得太紧。由此我想到：让一个民族消沉下去，或者亢奋起来，都不是一件难事。但让一个民族理智起来，并保持恒久的激情，则需要非同寻常的政治智慧。

对财富的渴望，使我们产生了亢奋。现在，重新摆正人与自然的关系，建设诗意的生活，能否再次调动我们的激情呢？

诗意的生活包括了很多内容，诸如安全感、舒适感、优雅的环境等等。近年来，随着财富的累积，国人的幸福感却普遍降低。乍一听觉得不可思议，再仔细一想，便不觉得奇怪了。幸福与财富虽然有着直接的联系，但财富并不等同于幸福。财富可以满足一个人物质的需求、感官的享乐，却不能让人获得心灵的平静，更不可能帮助我们获得仁慈的心境、道德的美感。多少年来，科技兴国的口号已深入人心，对于提升国力、获取财富，科技无疑是最为强劲的驱动力。但对于人类的心灵，科技却显得束手无策。换而言之，幸福不是一个技术的概念，而是一个心灵的概念。现在，我们讲以人为本，就是要时刻关注民生福祉，建造诗意的生活。

我所说的诗意的生活，应包括人与自然两个部分。古人言："仁者乐山，智者乐水。"这里的仁智之士，即是我们今天所说的知识精英。任何一个时代，那些与自然为敌的人，都会遭到知识精英的痛斥与批判。当今之世，作为社会良知的知识精英，已日益被边缘化。物欲膨胀而带来的拜金主义、享乐主义淹没了智者的声音。面对经济腾飞背景下的道德真空，以及人与自然关系的极度扭曲，我们的知识精英，绝不能仅仅只发出"前不见古人，后不见来者。念天地之悠悠，独怆然而涕下"的哀叹，而是应该真诚地告诫国人：以人为本，不能只强调人的物质的一面，更应该关注人的精神的需求。所谓诗意的生活，它对应的不是物欲横流，也不是人定胜天，而是人与自然的相亲相爱。

## 四

佛家说，有多少执着，就有多少束缚。

不能简单地把佛理解为一个宗教的概念。中国的汉字赋予它特别的含义：人为为伪，人弗为佛。这意思是：凡是人所刻意追求的东西，就一定是伪的，不合乎天道的；凡是人所不肯作为的，就必定是佛的境界。

中国的先哲，由此悟到机心与道心的区别。机心，指一个人处理事务的方式以利益至上，有伪的成分；道心，就是顺应自然的规律，培植悲天悯人的优雅情怀。禅宗五祖弘忍告诫弟子要"看住自家心"，就是提醒他们不要坠入执着与妄想之中。

遗憾的是，在财富至上的现代社会中，我们的机心越来越发达，变化多端，迷不知终其所止；我们的道心却日渐迟钝，犹如古道西风中的瘦马。整个人类偏离了理想的轨道，迷失了生活的方向。人与自然的相亲，变成了人对自然的掠夺。人类越来越自私了。在提倡"天人合一"的中国，这一点也不能幸免。自然中所有的物质，不管是森林、河流、矿山或土地，甚至小心翼翼生活在远离人烟地区的藏羚羊，或者是藏于春天深处的一声蛙鼓，都被贴上商标，从中榨取金钱。如此作为，似乎只有一个动机，为的是在全球的财富争夺战中，得到一个名次。

从道心出发，我们可以合理地利用自然，开发自然；从机心出发，我们的所有活动都体现了极端的功利性。为了暂时的辉煌，我们不惜伐林驱雀，竭泽而渔，这是多么愚蠢，又是多么可悲的举动啊！

说到这里，请允许我讲一个小故事。

三十五年前，我作为一名知识青年被下放农村，在大别山深处一个小小的村落，一位年届五十的老农民接待了我。这位农民一辈子到过的最远地方，就是二十里路外的区政府所在的一座小镇。局促的视野，使他对生活没有任何奢望。他没有故乡的概念，因为他不是浪迹天涯的游子。闲谈中，他听说我到过北京，便问我见过毛主席没有，我说没有。他顿时感到十分诧异，问道："你和毛主席住在一条街上，怎么见不到他呢？他难道早晨不出来挑水吗，也不出来买菜吗？"听到这句问话，我立刻笑了起来，这是一种嘲笑。去年，我又回到了那个小山村，老农民还健在，已经八十多岁了。他的笑容仍像当年一样憨厚，仍然过着那种"日出而作，日落而息"的劳动生活。所不同的是，村子周围的山林都分给了农户，老农民将属于他的那片山林，培植得非常茂密。他领着我走进那片森林，告诉我这些树是怎么种养的，这一棵树为什么长得很快，那一棵树为什么长得很慢。什么时候，林子里出现了锦鸡；又是什么时候，豹子在这林子里叼走了山羊……他娓娓道来，没有任何惊世骇俗的故事，但我仍被他的谈话深深地吸引。我们这个时代已经过分地矫情，到处都是"真士隐去，假语村言"，可是，在这个老农民的口中，我听到了已经久违的童话。我当年嘲笑了这位农民，现在，这位农民用他平淡无奇的生活，嘲笑了我们整个时代。

这位老农民不懂得科学，也不会想到借用那些稀奇古怪的名词来装饰自己的人生，但我依然敬重他生活的智慧。他的生命中，充满了爱与敬畏，所以他没有机心。在力所能及的范围内，他建造了诗意的生活。

20世纪初，蔡元培先生阐发明代大儒王阳明的观点，提出"知行合一"。一百年过去了，这口号不但没有过时，反而更显出了它的紧迫性。正确处理人与自然的关系，我们不但要"知"，更要身体力行。几年前我到西安，专程去了一趟辋川，结果大失所望。王维笔下的人间仙境已不复存在，既无蓊郁的松林掩映明月，亦无潺潺的清泉在石上流淌，眼前所见，是一片裸露的黄土地。毋庸置疑，这是人伤害自然的结果。在我们的生活中，土地的沙漠化与感情的沙漠化是同时进行的。重建美丽的自然，我们不能没有爱，构建诗意的生活，爱更是须臾不可或缺。我衷心希望，诗意的辋川重新回到荒凉的西北，爱与敬畏重新主宰我们的生活。

2004年10月11日

在中国海洋大学的演讲

# 权谋文化的批判

## 一

同学们，我今天在这儿和大家交流，谈谈文学，我觉得是一件非常愉快的事。刚才校领导给我介绍地质大学，他非常自豪地告诉我，地质大学自成立五十三年以来，出了二十三个院士。现在我们国家年纪最大的院士有九十三岁高龄，就是我们学校的。所以我想在地质大学给你们这些学工科、理科的学生们来谈文学，可能会有一些智慧的火花出现。为什么呢？我从初学写作时开始，就一直喜欢倾听文学圈外的意见，他们往往是客观的，纯粹以读者的身份来阅读你的文学作品，谈他们的看法和他们欣赏的一些人物、一些故事。昨天校领导问我来给同学们讲什么，我想了想，便说讲一讲中国的权谋文化。这个题目对同学们来讲，可能有点生疏，但我想，谈一谈还是有现实意义。我谈权谋文化，当然不是泛谈，而是结合我创作《张居正》这部历史小说的感受来谈这个问题。

近段时间我一直在思考一个问题，即如何看待中国的传统文化。传统文化里面有很多很多分支。权谋文化属于政治的范畴，是其中一个分支，而且是重要的分支。这两年，"国学"这两个字被知识界谈得多了，国学与传统文化从某种意义上讲，是一回事。只不过国学更偏重于形而上的思辨的学问，而传统文化却要宽泛得多，琴棋书画、诗词歌赋、民俗风情、典章制度等等，都可纳入传统文化的范畴。这半个多世纪以来，我们的国学是逐步衰落的状态，这种衰落是有很多原因的。所以我有一次讲，国学的日渐式微，表示了传统文化的断层的出现。这对于实现我们民族复兴的伟大目标，甚至于我们两岸的统一，都是不利的。大陆与台湾，虽然由于历史的原因，造成现在存在着两个政治实体，但两岸文化的脐带却是相同的，都是炎黄子孙，都是中华文化的传承者。我经常说，只要文化是趋同的，任何分裂行为最终都不会得逞。认祖归宗，首先认的就是文化。振兴中华，首先就应该振兴中华文化。这个题目很大，今天就不在这里多讲了，我还是通过《张居正》来谈谈中国的权谋文化。

我先给同学们讲一讲张居正这个人，就是我的小说《张居正》的主人公。我曾经在西安交通大学与同学们做过一次交流，有一个女同学说："你来之前我还不知道张居正是谁。"我听了以后，觉得这位女同学很可爱，因为她很率真。现在的年轻人，大都不读历史了。为什么呢？她不必要知道张居正，她可以知道超女，因为这是电视上每天都有的。电视一宣传，超女的粉丝就多了。张居正不可能在现代传媒中每天与观众见面，他只能藏身于我们的线装书中。但是这个人在历史上的功绩非常之大，他领导了1572年开始的一场万历新政改革。这一场改革同今天的改革有很多相似之处，就是非常关注老百姓的利益，关注经济领域中的诸多弊端，以及如何去解决这些弊端，从而让老百姓在改革中真正得到实惠。这是一个封建时代难得的有清醒认识的政治家，也是从商鞅开始，一直到清代光绪这两千多年来，所有封建时代政治家进行的改革中最成功的一次。完全可以说，张居正推行的万历新政为今天的改革提供了一个比较完整的范例。因此我在长期研究过程中，觉得张居正这个人了不起。另外还有一点乡情在起作用，因为张居正是湖北人，我也是湖北人。我们之间隔了四百多年，可是这并不要紧，心与心的相契，是可以超越时空界限的。我在写他之前，曾到他坟前去凭吊，那是1998年清明节，他的坟在荆州城外，非常破败。我们在清明节祭扫祖先，会把祖坟整理得很好。可是，他却被历史、被人们遗忘了。所以当时我有一种苍凉感，我觉得我有责任让张居正复活在中国的历史中。当时在他坟前，我就想到了唐代诗人杜甫经过荆州的时候，写下的缅怀宋玉的诗。宋玉的故居传说也在荆州，可是杜甫什么都没有找到，所以他吟唱道："摇落深知宋玉悲，风流儒雅亦吾师。怅望千秋一洒泪，萧条异代不同时。江山故宅空文藻，云雨荒台岂梦思？最是楚宫俱泯灭，舟人指点到今疑。"什么意思呢？他说我现在想寻找宋玉，可是我什么都没有找到。我所有的想法，对他的追思，也像这些落叶一样漂泊无依。尽管这样，但是你宋玉的风流儒雅，你当年的忧患意识，依然是我的楷模。当时，我站在荒坟前对张居正的追念，如同杜甫对宋玉的追念，是隔代的精神交流，是心灵的碰撞。

在《张居正》这部书中，我除了浓墨重彩地描绘张居正推行万历新政的种种艰难之外，还有一个最重要的侧面，就是我始终是以清醒的态度来批判皇权的。我的志向是为中国所有的有利于民族复兴、为人民谋福祉的人树碑立传。《张居正》之所以能获得第六届茅盾文学奖，大约与我的这种追求与写作态度有关。因此，我非常珍惜专家与读者对我的肯定。我在写作《张居正》时接触并研究了大量的史料，其中作祟于政坛的以皇权专制为主导的官场的权谋文化，引起我长久的反思和批判。

二

下面，我想从四个方面来谈一谈我对权谋文化的理解。

第一个方面是权谋文化的特征。权就是权利，谋就是谋略，统治者为了巩固他的权力而采取的手段，或者某一个政治集团为夺取政权而采取的策略，都称为权谋。这里我给大家讲两个例子，第一个就是大家耳熟能详的越王勾践卧薪尝胆的故事。勾践成了吴国的俘虏以后，必须俯首称臣。为了保全自己的性命，他听从吴王夫差的安排，离开自己的都城，从越国的绍兴，来到吴国的苏州，在苏州城里给吴王夫差当马夫。一个诸侯国的国君，给另外一个诸侯国的国君当马夫，这已经是非常耻辱的一件事。勾践多少次受不了，甚至都不想活了。他的大臣范蠡劝告说："大王，你一定要忍受住，为了越国，你今天受的所有的屈辱和苦难，都是应该的。"勾践听进去了这句话。有一次夫差得病，几个月没见好转，吴国的大臣都非常着急，但着急也仅仅只是着急而已，并没有想到什么特别的办法来解决。勾践却不同，他天天跑到宫殿门口去跪着说："我为夫差大王请安。"有一天夫差拉了大便，他的内侍拿着便盆走出来，勾践说："你等一等。"那个内侍就停下来了。勾践站起来把夫差的粪便拿了一点放到嘴里去品味，然后说："请转告吴王，我有事告诉他。"内侍进去给吴王说："勾践吃了你的粪便，说要告诉你一件事情。"夫差感到非常奇怪，他说："他怎么能这样呢？好，那叫他进来。"勾践进去后对吴王说："贱人尝了你的粪便后，感到你的粪便苦中带涩，证明你的内火很重。而且里面还有两粒饭没有消化掉，证明你的胃气很弱。因此你要吃鱼腥草，减轻你的内火。"夫差说："那就把那草弄来试试。"吃了之后，真的好了。从此夫差对勾践印象极佳，起了念头要放勾践回国。他的大臣伍子胥说："勾践这人阴险至极，你不能放他，他所做的一切，都是为了讨好你，你不要相信他。"夫差说："你怎么不尝我的粪便啊？人家尝我的粪便，多忠心啊。"说完把伍子胥骂了一顿。就这样夫差下达了放还勾践的命令。勾践知道后非常高兴，他的大臣范蠡说："陛下，你不要这样，你要装得非常哀伤，表示舍不得离开。"勾践立刻明白了。回国前，他给吴王夫差讲："我真舍不得离开大王，我就愿意给你当马夫。"夫差对他完全放心了，说："去去去，你回去当国王。"勾践一离开吴国的国界，就回头用充满仇恨的眼光看着吴国说："总有一天我要用王者气概来消灭吴国，占领这片土地。"后来，勾践真的实现了自己的愿望，夫差不但成了他的阶下因，还被他赐死。这个故事所展现的就是谋略，这就叫权谋。所以说，权谋就是为夺取政权置对手于死地而采取的一种非常手段。中国古代的哲人，如和勾践同一个时代的孔子，比孔子稍早些的老子，都是讲求仁义、排斥智术的。但从刚才我给大家讲的这个故事看，勾践在夫差面前表现的那一套，并不是什么仁义，恰恰就是智术，用庄子的话说，这叫"机心"。历代的大儒、得道者，都是排斥机心的，但在政坛上，机心却大行其道。因此可以说，由机心所产生的权谋具有非道德的色彩。搞阴谋诡计是不讲道德的。

这里再讲一个故事。战国时代有一个诸侯国，非常渴望得到邻国的一片土地，打了无数次战争，没有夺回来，花了很多时间谈判，也没有谈回来。因此成了这个诸侯国国君的心病。有一天来了一位巫师，他对国君说："我不需要你动一兵一卒，也不要你用土地去交换，你只要给我三百斤黄金，这块土地保证就是你的。"国君说："你有这招儿啊？"他说："我有这招儿。"国君于是召聚大臣议论这件事。大臣都反对，都说这巫师是江湖上的人，不要信他的。国君说："三百斤黄金不算什么，我没有输掉什么东西，我要试一试他究竟本事在哪儿。"他真的给了巫师三百斤黄金。巫师拿了黄金到了邻国，他先拿一百斤黄金收买皇帝跟前的宠臣。又拿一百斤黄金收买一个大臣，这是重贿，大臣动心了。这样收买成功了，大臣便带他去见国君，说有紧急事情。在见国君之前，巫师又花一百斤黄金把国君的隐私都侦察清楚了。所以，他见了国君就说："你最近身体不大好，你的什么什么儿子不成器，你的家族什么什么人试图反对你。"说的事情全是真的。国君一听觉得这巫师还真有点本事，什么都知道，于是请教他有没有逢凶化吉的解救之方。巫师说有，他说："我仔细看了，你这个国家所有的土地，都是一片生机勃勃的景象，唯独某一个地方，那一块儿土地冒黑气儿，那是你的噩运。你所有的噩运都来自这块土地。"国君说："我的邻国就是想抢这片土地啊！"巫师说："你赶紧给他，这样坏运就让他拿走了，跟你就没关系了。"他的三寸不烂之舌居然让这位国君相信了。巫师果然没费一兵一卒，十多年战争都没得到的土地，被他用欺骗手法得到了。这道德吗？这不道德。我们今天讲要以国家利益为重，所以这就是他以他的国家利益为重，用一种非常规的手段，用一种不道德的方式，来达到自己的目的。所以我说权谋文化带有不道德的色彩，这是权谋文化的特点之一。

## 三

第二个方面要谈的是权谋文化的土壤。古人有这样一句格言："普天之下，莫非王土，率土之滨，莫非王臣。"就是说所有的东西都是皇帝的，所有土地上的人民，都是皇上的奴隶、皇上的子民。这说的是一种君父制，君臣的关系。孔子早在公元前6世纪的时候，就提出来三纲五常。君为臣纲，父为子纲，夫为妻纲。这三纲里面就把皇帝、把君权摆在了绝对崇高的位置，所以说"君权神授，天人合一"。君王就代表天。孔子定下了这样一种金字塔式的社会关系以后，所有的臣民在经过漫长的文化传承之后，就有了这样一种潜意识，就是崇拜皇帝。现在你看每个单位，称自己的书记，甚至是县长，都说这是我们老板。你别看这么简单一个称谓，既说明了他对权力的崇拜，也说明了他对财富的崇拜，这是一种文化的基因。从简单的一句话里面，可以看出整个中国文化中这种铁定的秩序和关系——帝王是至高无上的。依此类推，各单位的头头也是说一不二的。这样一来，权谋文化有了合理存在的土壤。因为所有人要取悦皇上，取悦领导。过去女人在丈夫面前自称妾身，如果是丫鬟，称自己为奴婢，女人一点地位都没有。而所有的臣在皇帝面前自称下臣、贱臣。这样一种"臣妾"心理，直到今天还作祟于我们的国民之中。一般来讲，年轻人相对好一点，臣妾心态不多。但是，一旦他步入社会，在生活中亏吃多了，每次由着自己性子做事总做不成功，甚至碰得头破血流，于是总结教训，学会委曲求全。在别人看来，这个人成熟了。所谓成熟，依我看来，就是他变得有臣妾心理了。

唐代的大诗人张祜写了一首诗，这首诗很能说明问题。诗是这样写的："洞房昨夜停红烛，待晓堂前拜舅姑。妆罢低眉问夫婿，画眉深浅入时无？"新婚之夜的新娘子，准备第二天早上起来拜公婆，她精心地画眉，把眉毛描得很细，问她的新郎，婆婆会喜欢我这个眉毛颜色的深浅吗？这首诗为什么那么有名，那么广为流传？就因为这首诗有典型的臣妾心态：我活着是为别人活着，别人认为美我才感觉美，别人认为不美，我自己认为美，这就不成其为美，就得牺牲我的个人主张。不像我们今天，你看我们的超女，她们可不管别人认为美不美，只管按自己的喜好穿戴打扮。唯其如此，才有那么多的年轻人追崇她们。这是一种解放。一旦一个社会的个性开始张扬了，那么臣妾心态就会减弱。可是一旦臣妾心态成为国民的基本素质的时候，我们讲所有的制度创新，所有的人才优势，就必将是一句空话。

当年我曾经弃文经商，做过高尔夫球场的董事长，也当过房地产公司的总经理。从用人的角度，对臣妾心态有比较真切的感受。记得有一次，我的公司要招聘员工，其中最重要的岗位有两个，一个办公室主任和一个财务部经理。来应聘财务部经理的是一个正牌的财经大学毕业生，而且已经是大学的老师了。我就问他："说说这个财务部经理你怎么当？"他说："你叫我怎么当就怎么当。"我说："你要根据你学的财务知识来制定一个财务制度。"他说："你说怎么制定就怎么制定。"我说："如果让你做假账呢？"他说："你叫我做假账，我保证别人看不出来，就像真的。"从这段对话中，同学们不难看出，这位大学老师就是很典型的专制权力的屈服者，潜意识中的臣妾心态很严重。今天我们很多人去公司应聘，很自然地就会揣摩老板的意图，并顺竿儿爬，目的是为了应聘成功。这种做法，这种心态，跟封建时代的大臣揣摩圣意，如出一辙，这就是臣妾心态。张居正是一个顶天立地的伟丈夫，可是他没有办法摆脱这种文化的束缚。他当首辅时的年龄是四十八岁，而他辅佐的小皇上万历皇帝才十岁，可是他依然称这小皇上为"君父"。每次觐见，都得行磕头大礼。这种事情在今天看来很滑稽，但当时的典章制度，就是这么规定的。张居正若不遵守这种礼节，就是大不忠。"誉则归君，过则归己"，被称为古代大臣的美德。这样一来，则皇上永远是正确的，大臣永远都是皇上的臣仆。若大臣的表现硬朗一点，激烈一点，则会被称为"权臣"。一个大臣一旦戴上"权臣"的帽子，则被视为异类，整个士林都会咒骂他。可见臣妾心态在中国是有土壤的。在今天的中国，对臣妾文化我们应保持充分的警惕。如果每一个人都保留着这样一种畸形的文化心态，我们民族的精神就会萎缩，无论是政治生活与个人生活，都不会有尊严可言。

## 四

第三个方面讲一讲权谋文化的影响。很多人通过权谋文化的运用，尝到了甜头，甚至掌握了先机。因此一直到今天，很多人乐此不疲。我们很多的电视剧、历史大片，以非常欣赏的角度来歌颂皇权，歌颂权谋。我认为这是一种精神侏儒的表现。为什么你一定要想方设法取悦上司呢？为什么明知错了的东西你也不敢抵制呢？为什么会这样？就是因为屡屡让那些阴谋家在这片土地上得到了他们不该得到的东西。举明代初期的刘伯温为例。中国古代，一个有作为的皇帝遇到一个有谋略的大臣，称为风云际会，是可遇而不可求的事，如刘备与诸葛亮、唐太宗与魏徵。明代开国皇帝朱元璋与他的军师刘伯温，也算是这方面的范例。

这个刘先生可是了不得，文韬武略，样样出众。因为有他的谋略，决定朱元璋生死存亡的鄱阳湖大战才取得决定性的胜利。却说朱元璋的开国大典，搞得非常隆重。朱元璋龙袍加身回到休息厅里面，刘伯温和他两人在一起，朱元璋一高兴，说："老刘啊，我本来是一路打劫，哪晓得弄假成真。"这意思很明显，是说我本来是要当土匪的，哪晓得当了皇帝。刘伯温一听，立即跪下来了，正颜奏道："陛下，你是天生龙种，君权神授。"朱元璋一听，立刻意识到自己说错话了，他马上把门帘一掀，看到外面太监在扫地，便问太监："刚才朕说什么，你听见没有？"太监也鬼得很，知道若如实回答说他听见了，立刻就会掉脑袋。皇帝说自己是土匪那怎么行？他就装哑巴，朱元璋这才放心。可是刘伯温从此种下了祸根。

朱元璋觉得刘伯温太聪明了，若将他留在朝廷，终究是个祸害。刘伯温当然清楚"狡兔死，走狗烹"的悲剧，主动提出回家养老。朱元璋说："你要回去养老也好，你走之前，有什么建议没有？你什么都懂。你懂天文地理，你看我周围这些人，怎么样？"刘伯温心想，既然人家是天生龙种，我还得对他说真话。他说："汪广洋这个人不能当宰相，胡维庸这个人一旦执政，国家就会衰败。"他就说了这两个人。朱元璋回答："知道了。你回到乡下以后，看到有可以给我提建议的事，以及你看到有什么贪官，立即单独给我禀报，写密信给我。"这次刘伯温又听进去了。他看到汪广洋的儿子在浙江煮海为盐，牟取暴利，就偷偷地把汪广洋儿子的不法行为写在一封密信里，让儿子亲自送到朱元璋手上。朱元璋看到这封信以后，非常愤怒，就下令处置汪广洋的儿子以及和他一起牟取暴利的盐商。当他的圣旨出来以后，汪广洋就跑去找朱元璋，说："皇上，这样做不大好吧？刘伯温是功臣，但他现在不在其位，不谋其政，他一个退休的老百姓，怎么说什么你都听呢？国家有一套规矩，你说谁违反法纪，有都察院、六科言官来查。他这一说你就信，那朝廷还成什么朝廷！"朱元璋问："那怎么办？"汪广洋说："你赶快把他的儿子抓住。"朱元璋说："我已经下旨让他回去了。"朱元璋有意袒护刘伯温，他也想借此机会把汪广洋这股势力整一整。汪广洋回来后与胡维庸商量，说刘伯温这个人退休了还不老实，还在这儿管闲事，我们该怎么办？结果他们出了一个毒招儿。第二天，胡维庸跑去给朱元璋汇报，说："皇上，刘伯温退休是假，他真正的目的是想在老家盖房子，他找了一块儿宝地。"朱元璋说："盖房没有错啊，谁都得住房子啊。"胡维庸说："他刘伯温不一样啊，他懂天文地理，他盖那个房子是龙宅，将来皇帝就出在他们家了。"朱元璋一听，说："难怪他要走，去把他叫回来。"那时刘伯温在浙江京华老家，刚盖了一栋房子养老，就被朱元璋叫了回去。朱元璋苦口婆心教导他一个晚上，说："你作为大臣，你要知道，君臣关系处理不好，对你不利。"刘伯温比什么人都聪明，他一听这话感觉不对了，便对朱元璋说："皇上，我现在不回去了，就在南京陪您住着。"朱元璋说："好。"刘伯温说："我把在金华盖的房子拆掉。"朱元璋说："好。"即便这样，朱元璋还是不放心。又过了三年，刘伯温病了，朱元璋给他送东西吃，还是下毒把他搞死了。这就是权谋文化，是胡维庸、汪广洋之流残害忠良的一种方式。

## 五

在现代的法制社会，权谋文化是没有市场的，但在封建专制时代，权谋文化却影响巨大。权谋文化将政治变得很肮脏。在这种形势下，一些正直的政治家，为了社稷与朝廷，也不得不借助阴谋来铲除奸佞，下面再举一个例子。

明代的嘉靖皇帝，非常喜欢道教，一天到晚在皇宫里面架个炉子炼丹。每次炼成丹药，所有的大臣都得写贺信与贺诗。炼丹时，还有大臣写青词来祈祷，青词写得好的，便能得到嘉靖皇帝的赏识。朝中有一个大臣叫严嵩，就因为善于揣摩圣意，青词写得好，所以深得嘉靖皇帝赏识，当上了内阁首辅。他当首辅的时候，还有一个次辅是松江人徐阶。此人是状元出身，比较正派，他心里头认为皇上炼丹并非好事，所以写青词不积极。嘉靖皇帝对他就有点不满意。

有一天，嘉靖皇帝又炼成了丹，严嵩及时写了贺词。可是徐阶第二天才写了一封贺词，一看就是应付文章。嘉靖皇帝把徐阶找了去，说："你这个贺词我看了，好像在应付啊。"徐阶说："皇上，最近有很多国事，很多奏本要处理，因此比较忙。"皇帝说："我知道，你在忙着治理国家。"徐阶一听，感觉这话不对。国家是谁的啊？不是他嘉靖皇帝的吗？现在国家的第一件大事不是黄河发大水，也不是哪里有地震，而是大小臣工争着给皇上写贺词。徐阶是聪明人，他知道这是严嵩在皇帝面前告了刁状。这个严嵩长期窃据首辅之位，卖官鬻爵，搜刮钱财，培植私党，已成为最大的国蠹。他看出徐阶不肯阿附，在朝廷上下有清望，便想将其除掉。徐阶审时度势，经过非常激烈的思想斗争后，决定改变自己这种勤勉政务、为国效劳的孤臣心态。从此，他每天天不亮就上班，不是去内阁的办公室，而是到皇宫的门口等着。干什么呢？他等皇宫开门他好进去，主动给皇帝生炉子。

他这么一做，严嵩又吃醋了。严嵩当时的党羽遍天下，各省各部全是他的死党。徐阶手下的几个人，有张居正、高拱，还有那个清官海瑞，都很书生，没有掌控实权，所以他知道斗不过严嵩。斗不过怎么办呢？徐阶想了一计。有一天他去拜访严嵩，他说："我老家那儿不好，都是些商人，那一块儿人没文化，还是江西有文化，那儿出了你这样的朝廷柱石，真是了不得。"严嵩问："那你想怎么办？"他说："我想搬到你老家去住。"严嵩一听，他跟我攀老乡，而且愿意迁籍搬家到我的老家去，就说："那好啊。"这样徐阶硬是把自己的家从松江搬到了南昌，和严嵩成了老乡。我们中国人就讲老乡、同学、亲戚和朋友。严嵩果然放松了警惕：你看，状元出身的松江大才子，堂堂次辅，如今成了我老乡。严嵩再不把徐阶当作对手了。

从此皇上每天炼丹，严嵩、徐阶两个拿着扇子给他扇炉子，给他写青词。天天干这个事儿，引来士林中骂声一片。张居正也不理解，他就问徐阶："老师啊，这样怎么行呢？首辅次辅都不管国事，国家不就亡了吗？"徐阶说："年轻人，你懂什么？你现在回去歇着。"张居正当时是翰林院编修，是个六品官，三十岁。他看不惯官场的龌龊，真的回到老家湖北江陵，住了整整三年。后来徐阶写信让他回来。张居正又回到京城，徐阶安排他当国子监的教务长，并叮嘱这个得意门生说："你看不懂的事就不要说，书呆子话你也不要说，好好儿读书，当闷嘴葫芦。"

　　徐阶还是天天陪着严嵩玩儿，给皇上炼丹。又熬了一段时间，严嵩老了，七十多岁了，说话不利索了，脑子也没有过去反应那么快。有一次他过门槛儿磕了一下，嘉靖皇帝一看，说："严嵩你老了吧？"徐阶听了这句话以后，感到时机成熟，可以组织反攻了。他手下的一帮人听了，高兴得很，说："我们现在就写本子弹劾严嵩。"徐阶说："不行，得投石问路，皇上只说他老了，还没有说讨厌他啊。"此时，徐阶见机行事，采用了一个非道德的手段。

　　有一个道人叫蓝道行，非常得嘉靖皇帝的信任，徐阶让他的手下用重金收买蓝道行。有天早上，嘉靖皇帝要接见蓝道行。徐阶已经知道，严嵩为了一个边境问题要在同一天早上来请示嘉靖皇帝，于是他就给蓝道行讲了一番谋略。蓝道行见了皇帝以后，皇帝说："你看我最近身体怎么样？"蓝道行说："你的身体非常好，但是你的印堂上有黑气。"皇帝说："那怎么办？"蓝道行说："我也不知道是怎么回事，但是待会儿会有一个人进来，这个人长着大胡子，系着一条玉带，七十多岁了，这个人是害你的人。"嘉靖皇帝听进去了。不一会儿，严嵩走了进来，要汇报北方军事问题，嘉靖见他的样子与蓝道行说的很相像，便说："今天朕累了，就不谈了吧。"徐阶看到严嵩进去没五分钟就出来了，便知道大计告成，回去就对门生讲："现在可以动手了。"门生都说要直接弹劾严嵩。徐阶说："不行，先要投石问路，先弹劾他儿子严世蕃，他儿子有很多不法的行为。"徐阶怎么想的呢？第一步是让手下的人先弹劾他儿子严世蕃，如果状子一送上去，皇帝批了，就可以再走第二步。如果皇帝一看雷霆大怒，不要紧，把自己手下的这个官员撤职，然后由他出面来摆平这件事情，这就是徐阶的谋略。结果嘉靖皇帝一看，说严世蕃这么贪啊，于是下旨把严世蕃抓了起来，并让严嵩致仕。徐阶从动心思要扳倒严嵩，到严嵩最后真正倒台，儿子被判死刑，整整花了十七年时间。徐阶当上首辅以后，又把家从南昌搬回松江。同学们，你们看看政治家做事有耐心吧？十七年就做这一件事，你说这个徐阶是好人还是坏人呢？徐阶是个很好的人，可是他所采取的谋略是不道德的。

我在上面举这一正一反两个例子，是想说明中国这个土壤上，无论是坏人搞好人，还是好人搞坏人，无论你是为了这个国家，还是为了个人利益，都得使用这种权谋的手段。中国古代的政坛，从来不以道德论英雄，只以成败论英雄，这就是权谋文化的影响。

# 六

第四个问题想讲一讲权谋文化的危害。我觉得权谋文化对于今天我们的法制社会、民主社会来讲，是一种毒害，是一颗毒瘤，而绝不是一种健康的东西；是传统文化中糟粕的一部分，而绝不是精华的一部分。权谋文化的第一个危害是言而无信，没有一种制度可言，没有一种健康的感情可言。所有热衷于权谋文化的人，都不会受到道德的制约，也不受人民的监督。权谋文化的最终结局只有两个：要么成功，要么失败。国家的利益、人民的福祉，都可以成为政治家手上的筹码，而不会成为他们的目的。

权谋文化的第二个危害是人才荒废。在帝王的眼中，所有的大臣都是工具，合我的心意则用，违背我的意志则废。国家的人才往往是闲置的多，任用的少。所谓一朝天子一朝臣指的就是这样一种状况。再说人才若用到实处，也的确会成为造福于社稷的栋梁之材，但其结局大都凄凉，张居正便是一个很好的例子。比张居正早两千多年，春秋时的楚国，也出了一个有名的宰相，叫孙叔敖。这个人对楚国的发展与壮大做出了杰出的贡献，但他知道自己死后，家里人恐怕日子不会好过。因为他是个清官，死的时候连棺材都是用的最普通的，家里没有什么财产。临终时，他给儿子讲："如果你将来沦落到要要饭的时候，你就去找优孟这个人。"优孟是演戏的，类似于今天的小品演员，名气很大。他儿子记住这句话，过了几年，他穷困潦倒去找优孟。优孟说："你找我干什么？"他说："我父亲死的时候说，我如果日子过不下去了，就来找你。"优孟感慨万分，于是花了一年的时间模仿孙叔敖说话的口气和动作，以及与楚王在一起时的神态和表情。在楚王的一次酒宴上，优孟穿着孙叔敖的衣服去见楚王。楚王一看，大惊："孙叔敖？你怎么活了？"优孟整个状态完全跟孙叔敖一模一样。楚王说："天助我也，让良臣复活，来帮助我。"一想又觉得不对，死了几年了，怎么还能复活呢？后来优孟告诉他说："孙叔敖死后，他的儿子家徒四壁，一贫如洗。孙叔敖帮助你让楚国强大起来，他的子孙这么穷，其他的人才还会跟你吗？"楚王幡然醒悟，于是给了孙叔敖儿子一些赏赐。如果有一个正确的制度，决定人才的进退、国家的福利，还用得着一个唱戏的人用这样一种方式来让皇帝给予他本来应该得到的待遇吗？"优孟衣冠"这个成语，也说明了权谋的无处不在。

权谋文化的第三个危害是让政治演变成黑暗的斗兽场。这里我再给大家讲两个小故事。第一个就是勾践离开吴国几年后，果然以王者之势杀回苏州，并灭掉了吴国。平心而论，消灭吴国的功臣里头，应该有一个西施。勾践当年听信范蠡的计谋，把西施贡献给吴王夫差，让夫差沉湎于酒色之中而不理朝政。范蠡希望勾践奖赏西施。勾践对他说："好，明天决定。"第二天，勾践命令把西施放进一个铁笼子，沉到太湖里面去了。范蠡说："大王你怎么能这样？"勾践说："你想想，一个女人能让一个皇帝糜烂心志，而丧失一个国家，这个女人还不是一汪祸水吗？我们留着还有什么用？"从这一点看勾践是多么地冷酷。如果天下道理尽在帝王家，则社会的文明力量永远也战胜不了残暴。第二个就是燕王朱棣，他是朱元璋的第四个儿子，在他驱逐建文帝夺取政权的过程中，死了很多士兵。他把这些士兵的尸骨磨成珠子，穿成佛珠，发给太监，每人拿一串用来念佛。其中完整的头颅骨，他拿来做成碗，用来饮酒。有大臣说："皇上你怎么能这样呢？"他说："我用这种方式纪念阵亡的将士。"这就是我们的权谋文化中没有人性的一面。

以上给同学们所讲的这样一些权谋文化的东西，在今天来看，已经和我们的生活相去甚远，更是与现代文明格格不入。但是，值得警惕的是，在今天的中国，权谋文化并非完全没有土壤。弘扬与振兴民族文化，前提是去其糟粕。权谋文化恰恰就是一种糟粕，我们对它不是要继承，而是要批判。

2005年11月9日

在中国地质大学的演讲

历史的乡愁

# 紫禁城与皇家文化

"故宫"这两个字在中国的文化中很有分量。

郑欣淼院长提出了"故宫学"这样一个思路，冯骥才先生也从他的研究方向上将其条理化。我个人认为，一门学科的建立应该具备一些基本的条件。我将这些条件归纳为四个方面：第一，它是丰富的，又是独特的；第二，它有自己的主干，同时又是多元的；第三，它有自己发生的源流，也有发展的脉络；第四，在所有的文化中它是不可替代的，这是最重要的一点。用这四点衡量，建立"故宫学"的条件都够了。昨天晚上，我和故宫的学者们在一起也聊过这个话题。故宫在我的心中，既是肃穆的，也是灿烂的；既是庄严的，也是冷酷的。它是中国古代文化中最丰富的，也最神秘的一部分。我因为写作《张居正》这部长篇历史小说，所以对故宫，也就是历史中的紫禁城开始了一些肤浅的研究。

我第一次来故宫是上世纪80年代初，第二次是1985年，我带着我的老母亲来的。我们参观了太和殿，我对母亲说太和殿就是金銮殿，是以前皇帝上朝的地方，老太太的两腿就站不住了，就要下跪。她觉得这个地方太神圣了。这反映了民间老百姓对皇宫的感情，也就是敬畏感。有了这种敬畏感，如果你是一个学者，你就知道有所为有所不为，如果你是老百姓，你就不会觉得老子天下第一。然而，这样一种感情，几十年来在我们的学者中已经退居次要位置了。对我们民族过往的历史要么是虚无化，要么是批判，这样一种现象影响了好几代读书人。当然，我并不是一个国粹至上者，对传统文化中的糟粕我也主张批判，但我们泼脏水时，总不能把盆里的孩子一起泼掉。

当一个民族的主体文化开始受到破坏的时候，再来批判它，那是一种毁灭性的打击。今天，温文尔雅的传统文化离我们越来越远，年轻人对它越来越感到陌生。产生这种局面，固然有诸如教育方针、执政者导向等多方面的原因，但敬畏感没有在我们的学者中保有足够的分量，也是重要原因之一。

我认为，故宫的主流文化就是皇家文化。关于皇家文化的定义，刚才阎崇年先生已经说得很透。皇家文化的构成，必然是这个民族、这个国家最精粹的部分的集中。北京定都，乃是因为东北的少数民族的崛起，所以皇家文化在北京的发展和确立，间接受益于东北少数民族的崛起。

历史有它的大流程，在中国，皇家文化发展最盛的是两个城市，一个北京，一个西安。如果把整个中国比作一个太极图，那么，北京和西安就是这个太极图中阴阳鱼的眼睛。东北与西北，在中国八卦中都属于吉地。这两块吉地，成就了北京和西安。北京成为国都，当然也有一些契机。永乐皇帝，即当年的燕王朱棣被分封到这个地方来的时候，这个地方已经有四百多年不归属于中原文化（从五代十国一直到明代建立之前）了。燕云十六州一直归契丹人建立的辽国，后来又归于女真人建立的大金国。其间，北京曾是辽国的南京、金国的首都。由于国家的分裂，中原人对燕云地区已经有些陌生了。朱元璋分封儿子的时候，把他最能干的第四个儿子朱棣封到北京为燕王。朱棣和建文帝叔侄间的恩怨，不是我今天要说的话题。但是，朱棣即便打到南京夺取皇位以后，也不敢贸然宣布迁都，只是把北京当作行在，让他的儿子在南京监国，而他一直都有迁都的打算，所以他当了皇帝以后，就一直没有停止在北京的建设。他用了十五年的时间建设北京。永乐十九年（1421）朱棣正式迁都，北京便成了名副其实的首都，而南京则降为留都。

迁都的第二年早春，北京新宫中的宫殿遭雷击起火，烧得墙坍壁倒。在明代，这是很严重的上天示警的信号。这是什么原因呢？朱棣看不明白，便赶紧去问在京官员，收集意见。其意是看看皇帝有什么错误，引起老天爷把新的宫殿烧了一角下来。当时有一个叫萧仪的官员，他说老天爷示警就是因为你把首都从南京迁到了北京，把大明社稷的龙脉撂在了江南。尽管永乐皇帝非常想征求意见，可是这条意见上来就让他雷霆大怒，几乎没有进行任何审判，就把萧仪抓起来杀掉了。他为什么要这么快杀这个人？因为他花了十五年的心血想办法把都城从南京搬到北京，一年的时间内，反对的声音就一直没有压住。为什么压不住呢？因为反对迁都的人也有一个强大的后台，这个后台就是太子朱高炽，即后来的仁宗。朱棣这么快杀掉萧仪，就是杀给他儿子看的。杀完了以后，依然有不少官员为萧仪喊冤叫屈，觉得就为这么点事把人杀了，太过残酷。朱棣知道迁都的争论还没完，还有人想借此说事，于是想了一个奇招儿，下一道圣旨，让迁都的赞成派与反对派都到午门广场上辩论。

那天是清明，天气阴冷，下着雨，所有反对迁都的官员都跪在午门右边，赞成迁都的人也没有受到善待，跪在另一边。朱棣说你们两派都跪在这里给我辩论，到底该不该迁都，一天没有辩完辩两天，两天辩不完辩三天，一直要辩出结果来。辩了两天半，官员们都跪不住了，就不辩了。朱棣就是用这种非常强势甚至是蛮横的方式来处理迁都的争论的。但是，在这件事情之后三个月他就死了。他最不愿意把皇位传给他的太子，他觉得太子有三个方面让他不放心。第一，太子不会骑马，太胖了，缺乏英雄气概。为此他经常修理太子。有一次，他上天寿山视察陵寝，故意整太子，他说我们都不骑马，也不坐轿，往上走。太子太胖，根本走不动。

朱棣说走不上去也要走，两个太监搀着太子，几乎是朝上爬。朱棣不喜欢他的儿子柔弱，认为没有英雄气的人，过于文质彬彬，不足以君临天下，这是第一个不满意的方面。第二，太子对江南的眷恋令他不满意。太子长期在南京监国，对"南朝四百八十寺，多少楼台烟雨中"的江南产生了心理依附。作为普通人，这种依附是可以的，作为一国之君，这种依附则是一个危险的倾向。第三，朱棣常年征战，五次打东北、打蒙古，进行了很多场战争，太子负责物资供应。由于军费开支太大，太子常常无法筹措。朱棣不考虑国家财政的困难，觉得是儿子的能力问题。但是，朱棣非常喜欢太子的儿子，就是他的太孙。他的太孙在北京长大，一口京片子，一点南方腔都没有。针对这个情况，同情太子的大臣说，为了保全太子，就说这个皇太孙是万年天子，如果废掉太子，太孙就当不上皇帝了。朱棣果然为了保住太孙的继承权，最终没有废掉太子。

太子登基后，就是明朝的第四个皇帝仁宗，他刚一登基，立即就成立了一个迁都办公室，决定把都城从北京迁回南京。这个迁都办公室的工作如火如荼开展时，仁宗就病死了，他只当了十个月的皇帝。他的儿子，即明代的第五位皇帝宣宗。宣宗登基后做的第一件事就是撤销迁都办公室。因为他是在北京长大的，一到南方就长疮，水土不服。所以我说北京的命运，是由历史的某种机缘决定的。有了首都才有了紫禁城，有了紫禁城才有了皇家文化。如果北京不是首都，皇家文化就不会植根于北京。所以说，北京的幸运也带来了皇家文化在这里的兴盛。

阎崇年先生提出一个问题：为什么中国自秦以后的历史，前一千年是东西摇摆，后一千年是南北摇摆？这的确是一个很有趣的问题。东西摇摆的时候，西安就成了轴心；南北摇摆的时候，北京就成了轴心。东西摇摆的时候，是游牧文化占中华文化的主导地位，而南北摇摆的时候，则是农耕文化成为国家文化的主流。在农耕文化的形态中，以北京为立足点，东北与塞外的游牧民族越过北京，就无法找到草场，南方人从这里往北走，不但无法耕种，而且水土不服。所以，北京正好是游牧与农耕的接合部。真正在北京建都的第一个人是大金国第四个皇帝完颜亮。他当时主张把大金国的首都从哈尔滨近郊的阿城迁到北京，遭到的反对比朱棣迁都时还要大得多。完颜亮一把火烧毁了金上京的所有宫殿，还把大金国开国皇帝完颜阿骨打、太宗完颜吴乞买两人的尸骨挖出来，抬到北京来埋在了房山。所以北京的建都历史，应该从完颜亮开始。此后忽必烈在这里建立元大都，又统治了一个多世纪。契丹人、女真人、蒙古人对北京都做出了贡献。所以说，紫禁城文化是多民族融合的文化，它和南京皇宫的不一样。南京皇宫的风俗和北京皇宫的风俗差异特别大。南京的皇家文化是单一的汉族文化，而北京故宫的皇家文化是多民族文化融合的复合型文化。我觉得皇家文化是我们故宫学的主干文化。像我们说的陶瓷、书法、绘画、家具、建筑、珠宝等等，每一个方面都像一片叶子、一朵花，必须有一棵树它才会灿烂，才会丰富，否则就像碎片一样。

每次我走进故宫，总喜欢研讨一些问题。有一次我带了一个明代紫禁城的地图，进去做了一个对照，很多都对不上了。清代对紫禁城进行了多次改造。明朝时期，第一个引进江南文化到北京的就是燕王朱棣。在那之前，江南的文化在北京没有地位，大量引进江南文化就是从明朝永乐年间开始的。我们如果不是从物质层面，而单从政治层面来看明代或清代的皇宫文化，就会闻到一股很浓的血腥味。这个紫禁城里的每一处建筑，在明清时期都发生过震撼历史的事件。就说午门吧，在明代，它是皇帝接受献俘、廷杖大臣与举办鳌山灯会的地方。廷杖，是皇帝处罚大臣的一个方式，它既是刑罚，也是侮辱。明朝有不少大臣在午门广场上遭受过廷杖。最大的一次是武宗的时候，三百多官员一起挨板子。明朝的皇帝侮辱人成瘾。朱元璋天生多疑的性格，传给了后世的皇帝，一个个都猜忌、多疑、刻薄，因此发明的处罚官员的刑具，便兼有折磨与侮辱两大功能。所以，我们研究皇家文化，既要研究物质的一面，也要研究非物质的一面；既要研究美的，值得继承和发展的，也要研究恶的，须要批判和警惕的。

因此，故宫学如果要真正地建立起来，就应该组织专门力量分门别类地进行研究，研究故宫学实际上就是研究中华民族封建时代的主流文化。

很有幸在紫禁城学会举办的第一次高峰文化论坛上发表讲话。今天只是浮光掠影地说了一点关于故宫皇家文化的感想。我希望紫禁城的传统文化论坛能够经常举行。在下次的论坛中，组织者事先准备一些题目，参加者可以就这些题目发表一些自己的研究和看法。谢谢大家！

2007年10月26日

在故宫博物院的演讲

# 让历史复活

## 一、从皇帝与宰相谈起

近些年，帝王小说兴盛，甚至到了泛滥的地步。分析这一现象的产生，不能不看到这是中国的知识精英与一般民众都对皇权充满崇拜的结果。我们在批判极权统治的时候，往往会把这责任一股脑儿地推给统治阶级本身，殊不知正是崇拜皇权的民族心理，构成了极权统治存在的土壤。

我曾对人讲过，要想弄清两千多年来中国历代皇权统治者或曰国务活动家的基本特征，应该着重关注两个系列的人物，一是从秦始皇到光绪的皇帝系列，二是从李斯到翁同龢的宰相（或相当于宰相）系列。若将这两个系列的人物做大致的分析比较，不难看出，优秀的宰相远多于优秀的皇帝。关于治国的能力，帝王系列的人物表现出的是一条一直向下的曲线，而宰相系列的人物则始终维持在一个相对高位的水平线上。细究个中原因，乃是因为皇帝是世袭制，而宰相则多半是凭着真才实学一步步攀上权力高峰。因此，除了改朝换代留下赫赫文治武功的开国皇帝以及为数不多的明君，更多的帝王都如过眼云烟。虽然他们生前都拥有绝对的权力，但死后，他们的声名，却比春花凋谢得更快。更有趣的是，一个暴君或一个庸君的身边，往往都会有一个聪明的善于协调平衡各方面关系的宰相。尽管这样的宰相多半都会"以身殉职"，但正是由于他们的斡旋与努力，国家才不至于动荡，世袭的皇权才得以延续。诸葛亮在他著名的《前出师表》中表述的"鞠躬尽瘁，死而后已"，应视作中国宰相们政治生涯的生动写照。

恕我不敬，中国的皇帝除了屈指可数的英明君主外，更多的是荒唐与平庸的人物。宰相则不然，他们中产生了一大批非常优秀的政治家，商鞅、萧何、诸葛亮、魏徵、赵普、王安石、刘伯温等一些在民间广为流传的人物，莫不是宰相出身（即便没有宰相的头衔，也都干着宰相的事业）。当然，宰相中也出过李林甫、秦桧、贾似道、严嵩之类的奸佞，透过他们，我们亦可了解中国古代政治生活中的淫邪与残暴，是怎样在精心设计的权术中达到极致的。中国有帝王术，专门研究如何当皇帝，却没有一部宰相学，来探讨这一特定职位上人的领导艺术与政治智慧。毋庸讳言，是东方古国长达两千多年的极权统治，导致了这种缺失。

比之皇帝，宰相这一阶层的人格具有两重性。一方面，他们是"学而优则仕"的代表，以"士"的身份走上政治舞台，因此有着强烈的"先天下之忧而忧，后天下之乐而乐"的忧患意识。另一方面，他们崇尚的道德与残酷的现实大相径庭。如果要建立事功，他们必须学会隐藏自己。宰相们与其说是为国服务，不如说是为皇帝效劳。看皇帝的眼色行事，使他不可能保持独立的人格。他既要曲意承上，又要"大庇天下寒士俱欢颜"；既要心存社稷，又必须"王顾左右而言他"；他既是帝师，又是奴仆；为虎作伥，弃道德如敝屣，但若稍有不慎，自己也就成了祭坛上的牺牲品。

大约在20世纪90年代初，我开始对中国的宰相们产生了兴趣。几乎从一开始，这种兴趣就给我带来了创作上的冲动。我无意写一部宰相学，但想寻找一位合适的宰相，通过他的政治生涯，来再现一段在中国文明进程中具有典型意义的历史。经过长达数年的研究，我才选取了明万历年间的首辅张居正，作为我历史小说中的主人公。

## 二、关于张居正的思考

选择张居正，我基于三个考虑：一、他是典型的"士"的代表；二、他所领导施行的万历新政，比之商鞅、王安石推行的改革要成功得多；三、明代的国家体制对后世影响非常之大。

说到明代，我不得不遗憾地说，与汉、唐、清这些大一统的王朝相比，值得称道的地方并不多。农民出身的朱元璋，得了天下之后大肆屠戮功臣，害怕大权旁落而一连诛杀三位宰相，并从此永久废除宰相制。终明一朝，冤狱盛行，动荡不断。由于对大臣们的不信任，朱家皇帝创设东厂与锦衣卫两大特务机构，实行恐怖镇压。另一方面，皇室怙权而又贪图享乐，导致宦官乱政。王振、刘瑾、魏忠贤三位司礼太监对朝政造成的伤害，恐怕为历代宦官之最。特务与宦官，这国家政治生活中的两大毒瘤，是朱明王朝留下的最为可怕的政治遗产。

明朝初年，朱元璋与朱棣两位皇帝对功臣与士族大开杀戒，并未涉及底层百姓。经过连年战乱的庶民，因此获得了一个相对平稳的休养生息的时期。从洪武年间到仁宣之治大约六十年时间，老百姓安居乐业，经济富裕。但从正德时期开始，由于正德皇帝骄奢淫逸，接着是嘉靖皇帝横征暴敛，民不聊生的局面开始出现并日益严重。在城市里，官僚权贵的享乐达到极致；在广大乡村，饥民揭竿起义的事情屡有发生。到了隆庆时代，朱明王朝明显露出"下世的光景"，对国家的控制力已相当有限。正在朱明王朝摇摇欲坠之时，三十六岁的穆宗病逝，他十岁的儿子朱翊钧登基，是为万历皇帝。小皇帝起用他的老师张居正出任内阁首辅。由于历史的机缘，四十八岁的张居正开始了他十年柄国的辉煌无比的政治生涯，给后世留下了一段风雷激荡的万历新政。不过，这风雷激荡，昭示的是万象更新的文治而非暴力下的武功。

明代的首辅制，是一个相当古怪的政坛产物。宰相制废除后，本是替皇上撰拟诏诰承制辞章的文渊阁大学士，便变成了皇上的秘书兼顾问。为首的大学士称为首辅，相当于首席顾问。按朱元璋钦定，大学士们只享受五品衔，相对于吏、户、兵、礼、工、刑六部二品衙门。这级别实在太低，经过一段时期的演变，阁臣们禄位渐隆。到了明中期，阁臣们几乎都是从二品大员中选拔，而首辅则程度不同地行使着宰相的权力。

由于首辅名义上只是顾问，因此他是否能顺利担当宰相的角色，则要取决于皇帝与首辅双方的能力。如在朱元璋面前，首辅只能是一个唯唯诺诺的顾问，而面对穆宗朱载垕这样的懦弱皇帝，首辅则实实在在担当起宰相的职责。

通览明史，可以得出这样的结论：张居正是明朝二百七十年间最有权势，同时也是最有能力的一位首辅。这不仅仅因为历史给他提供的机遇最好，更重要的是，没有哪一位首辅，登位之前，像他那样做了如此充分的准备。

稍有政治经验的人都懂得，提出一套符合国情民意的改革方案虽然不易，但比起将这方案变成实实在在的成果，则又要容易得多。举凡思想家，都可以担当设计师的角色，但担任工程师的政治家们，不但需要挑战传统道德的叛逆精神，更需要把蓝图变为现实的卓越智慧。我认为，张居正便属于这样的政治家。

隆庆二年（1568），张居正刚入阁成为末辅不久，怀着对新皇上的期待，四十四岁的他，便虔敬地向穆宗献上了一道洋洋万余言的《陈六事疏》，从省议论、振纪纲、重诏令、核名实、固邦本、饬武备六个方面详细阐述了自己的改革主张。内容涉及吏治、纲教、经济、军事诸领域。胸无大志的穆宗，只愿意沉湎酒色，哪愿意如此大刀阔斧地重振乾纲。他只是敷衍地赞扬了几句，便搁置不管。张居正做此试探，知道时机并未成熟，于是继续耐心等待。六年后，他的这一份完备的改革文件，终于成了他实施万历新政的政治纲领。

　　关于万历新政的功绩，已有不少海内外的历史学家做了详细的分析和充分的肯定，不用我在此赘言。我要说明的是，正是张居正的改革，使本来气数已尽的朱明王朝突然枯木逢春，获得了难得的"中兴之象"。可是，正是这样一个"宰相之杰"，死后却遭到了最为残酷的清算。万历皇帝一面享受着张居正改革带来的福惠，一面下令把张居正的封赠全夺、家产尽抄，其亲人或死或谪。万历皇帝的这个态度，导致张居正死后半个世纪，满朝文武竟无人敢提及他的名字。

　　张居正的功绩，说明了中国"士"阶层在政治舞台上的独特作用；而他的悲剧，又深刻揭示了极权统治的寡恩与残忍。

　　1998年暮春，动笔写《张居正》之前，我曾专程去了一趟张居正的故里湖北省江陵县，站在他的墓碑前，我吟了一首绝句：

　　　　四百年前事可疑，江南又见鹧鸪飞。

杜鹃舌上烟波里，立尽斜阳是布衣。

中国的与官场无涉的知识分子，常以布衣自谓。至今，我这个布衣还记得，那一缕惨淡的夕阳，是如何陪伴着我，在张居正的杂草丛生的墓地上孤独地徘徊。伟人们死后的萧条本属正常，但我仍不免暗自思忖：从商鞅的被车裂到张居正的灭门之祸，果真是中国古代改革家的必由之路吗？张居正推行改革之时，也曾下定了"虽九死其犹未悔"的决心；可是，如果真的给他第二次生命，他还会有那挽狂澜于既倒的干云豪气吗？

张居正的悲剧，不仅仅具有封建性，更具有民族性；不仅仅具有政治性，更具有文化性。中国的政治生活，历来是粗暴且僵硬的，缺乏灵动的生气与恒久的激情。张居正渴望把灵气与激情引入政坛，这就注定了他的不可避免的悲惨性结局。

# 三、生于忧患，死于忧患

我一向固执地认为：让历史复活，使今天的人们能够从遥远的过去审视当下，洞察未来，这不仅仅是历史学家的责任，同时也是作家的责任。

与现实小说相比，历史小说更能体现作家创作上的自觉。因为，历史小说要兼顾历史与小说两个方面。其作者首先应该是史学家，然后才是小说家。这要求也许苛刻，但我认为这是写好历史小说的关键。时下一些流行的历史小说，普遍存在的问题是忽略了历史的真实，这是作家没有认真研究历史的结果。

所谓历史的真实，简单地说，有三个方面：一、典章制度的真实；二、风俗民情的真实；三、文化的真实。前两个真实是形而下的，比较容易做到，第三个真实是形而上的，最难做到。前两个形似，第三个是神似。形神兼备，才可算是历史小说的上乘之作。

我曾对张居正及嘉隆万三朝的历史做了数年的研究。自认为占据了丰富翔实的史料，完全可以写出一部严格意义上的历史小说了。可是当我花去整整一年的时间写出第一卷时，才发觉根本不是那么回事。它既不是史学著作，作为小说又显得干巴。这才意识到，历史的真实并不等同于文学的真实。从历史到文学，有一个艰难的转化过程。小说中的张居正，并不能直接等同于历史中的张居正。它既要忠实于历史，又要忠实于文学。他既是历史中的人物，又是文学中的典型。这一点至为关键，如果处理不好，文学的价值便荡然无存。经过慎重考虑，我决定舍弃这三十多万字的第一稿，于1999年春节之后，又从头开始。现在读者看到的《张居正》的第一卷《木兰歌》，便是与第一稿了无关涉的第二稿。这本书属不太成熟的作品，但至少读者可以从中看到作者的追求。

对于历史小说的作者而言，还有一点尤其重要，那就是忧患意识。我曾在一篇《登郁孤台》短文中评价辛弃疾"生于忧患，死于忧患"。其实，古代士子，穷者如杜甫，达者如张居正，有谁不是这样？一个不具备忧患意识的作家，又怎能与笔下的历史人物做穿越时空的心灵沟通？不过，在当下商品经济的冲击下，作家们似乎已丧失了为民族思考的责任感。文学的视野日渐转向个人的隐私，或者媚俗的快餐。文学的阳刚之气、厚重之感正在丧失，代之而起的是轻佻与浮华。一个民族的文学心志一旦走向颓废，则预示着一个时代的文学的终结。我在前面已讲过，历史小说作家更具有文学的自觉。这自觉，便缘于他的忧患意识。他不会无缘无故地选取一段历史，一个人物，对现实生活的思考形成了他的历史观。作为一名作家，如果一味地追求形式上的创新，或满足于编造精巧的故事，这实际上是在浪费自己的聪明才智。写什么和怎么写的问题，前者永远是主要的。这一点，对历史小说的创作尤其重要。

以上拉拉杂杂，讲的是我创作《张居正》的动机，以及对历史小说创作的思考。我不是清流，无意对张居正做道德上的评判。在严肃的历史面前，个人的爱憎，往往会导致低级的错误产生。四卷本的《张居正》已经问世，创作这部书，我前后花去了十年时间。真正的十年磨一剑，但是，这究竟是不是一把好剑，则需要广大的读者来鉴别。

2008年4月28日
在中国人民大学国学院的演讲

历史的乡愁

# 张居正与万历新政

　　非常有幸接到中央国家机关的读书活动的邀请。我今天演讲的题目是《张居正与万历新政》。用两个小时把古代一位改革家、政治家的非凡而又丰富的人生介绍给大家，让你们留下一个深刻的印象，对于我来讲不能不说是一个困难。张居正和我是乡党，湖北荆州人，但他一辈子的事业就在大家脚下的这片土地上——北京，他从二十三岁进北京，到五十八岁躺在棺材里离开北京，在这片我们熟悉的京城土地上生活了三十五年，完成了一个知识分子从政的理想，做出了惊天动地的事业。

　　张居正的从政经历，如果让他填一份履历表，一定不会很好看，因为他的经历太简单。进入内阁担任辅臣之前，他只做过两样工作：一是当研究员，二是当老师。所以我说他是知识分子从政的典型。他很小的时候就是家乡有名的神童。他生下来最初也不叫张居正，叫白圭，实际上就是乌龟的龟。他出生的前一天晚上，他爷爷做了一个梦，梦见他们家厨房的大水缸里面有一个白色的乌龟从缸底下升起来。这个老汉一醒过来就跑厨房去看，水缸里面没有白乌龟，但是有一个月亮像乌龟。早晨起来这个孩子出生了，他的爷爷于是就给他取名叫白圭。圭与龟同音，但写出来好看些。他十二岁考中秀才，也就是今天的大学本科，当时是全省最小的秀才。那时考中一个秀才要受到知府的接见，荆州知府叫李元阳，是一个学者型领导。他接见张居正，一看是个孩子，就说，你怎么叫白圭呢？张居正讲了名字的来历。李元阳说这个名字不雅，我给你改一个名字，你叫居正好了，你要做君子，居正位，做大事。这是一种勉励。

张白圭从此改名叫张居正。张居正十三岁参加举人的考试，也就是今天的研究生考试。他和父亲从江陵一起出发，同时到武昌考举人。他父亲张文明二十一岁中了秀才，他是十二岁。如今，父亲三十四岁，他十三岁，父子俩在一个起跑线上，都去考举人。考试完毕，有份试卷引起了三位主考官的注意，都夸是一篇锦绣文章。他们说一定要把这个考生列为乡魁，就是举人的第一名，叫解元（进士的第一名叫状元）。

他们把这份卷子拿去给巡抚看。巡抚是省里的一把手，叫顾璘，南京人，有名的学者。他看了这个卷子，也赞不绝口，问这个卷子谁写的。把卷子考号拿来一对是张居正，湖北湖南那时是一个省，才子众多，乡试有数千人参加。顾璘说我先见见张居正。那时还不知道张居正年纪有多大，不像今天有数据库，一看什么都知道。当十三岁的张居正到来时，顾璘大为惊讶。一番谈话之后，顾璘勉励了张居正一番，并把自己的犀牛角腰带取下来送给了张居正。顾璘说我知道你将来不会系我这种腰带，但是我还是要送给你作为勉励。古代官员的品级是通过服装看出来的，不像今天处长和国家主席从服装上看不出来，古代官场的服装一品二品三品四品都很分明。只有正省级的干部才能系犀牛角的腰带，如果是宰相级的就系玉腰带。一个正省级的领导，省里的一把手把他的腰带送给一个十三岁的孩子，而且直接告诉他你将来不会系这个腰带，你是腰玉之人，你将来可以当宰相。今天这一级的领导谁也不敢讲这个话了，孩子们也不敢听这个话了。但明代不一样，奖掖后进是一种美德。接见完后，第二天发榜，大家都以为新的乡魁就是神童张居正，可是榜上没有他的名字，张居正连举人都没考上。为什么呢？把张居正一送走，顾璘对主考官说：这孩子聪明，但是要给他一点挫折，不要让他一切都那么顺利。就这样，父子二人一起落考，非常沮丧地回到了荆州。三年以后，十六岁的张居正二次赶赴乡试才考中举人。

当初为什么要阻挡他呢？顾璘先生说了一番话，他说年轻人聪明，但是，没有人生的历练，最终他的聪明会演变成恃才傲物，不切实际。如果这样一味地纵容他，将来只不过多了一个唐伯虎，但却少了一个经邦济世的国家栋梁。在顾璘眼中，唐伯虎这些人都不是人才，只有经邦济世为国家前途做出自己的判断并有领导才能的人物是人才。

张居正当了首辅以后，对李元阳和顾璘两位先生终生感激。张居正二十三岁顺利考中进士。古代的进士相当于我们的博士，三年一考，每一次取二百六十名左右。再在二百六十名里面选二十名成绩最好的、最有培养前途的人，进入翰林院深造，也就是我们今天所说的博士后。这二十个人有三个人是不用测试直接进来的，就是状元、榜眼、探花。除了这三个人还有十七个名额，这一年就有张居正。这二十个人我们今天称为博士后，明代叫庶吉士。从洪武后期一直到明朝灭亡，首辅全部出自庶吉士，能够选上庶吉士，用今天的话说，就是驶入了选拔领导干部的快车道。

庶吉士毕业以后，有三种前途：第一种是词臣，就是给皇帝起草文件、起草圣旨的，叫待诏；第二种叫讲臣，就是给皇帝当老师的，叫侍讲；第三种，给国家编制各种制度及研究历史得失、研究国家政治走向的，叫编修。待诏、侍讲、编修全是做案头工作的读书人，而且都是这二十个人中产生的。

张居正两年庶吉士毕业就二十五岁了。这个时候朝廷的政权握在大奸臣严嵩的手上，国事一塌糊涂。张居正毕业以后的第一个职务是编修，他刚参加工作就给皇帝写了一份奏章，陈述国家应该从五个方面进行改革的必要。其中有一条是批评官员的党同伐异、贪污渎职等行为。这是一封很厉害的奏疏，弄不好就会大祸临头。但是很奇怪，在张居正自己的专集当中，以及明史所有的记录里面没有就这篇文章的后果给予交代和说明。嘉靖皇帝有没有批示，严嵩看过以后有没有愤怒，都不得而知。而这份呼吁改革的奏疏有些地方是影射了严嵩的，当时反严嵩的人很多都被处死或被流放。我猜想是当时的翰林院主管徐阶保护了张居正。这个人是张居正的政治导师，他是上海松江人。在明代，上海是一个小镇子，松江是大地方。徐阶这个松江才子是一个老谋深算、胸有韬略的政治家。江南的政治家的特点是隐忍，他们知道做事的节奏。徐阶心中觉得严嵩是一个奸臣，但是现在碰他就会自取灭亡。

张居正上这封改革奏疏时，徐阶是他的顶头上司。徐阶很喜欢张居正，但他知道，现在去和严嵩斗是飞蛾扑火。政治承认道德，但政治更承认成功者。你首先得把自己保护起来，然后再图进取。所以，我估计是徐阶采取了保护措施，没让张居正把奏疏送出去。

从张居正二十五岁担任编修开始，到他四十二岁当内阁次辅，这十七年的时间国家掌控在嘉靖皇帝手里。明代由盛转衰是从正德皇帝开始的，就是嘉靖皇帝的前任。正德皇帝朱厚照当了十六年皇帝，嘉靖当了四十五年皇帝，两个人实际掌控了国家六十一年。我们中华人民共和国到今年是六十年。六十年一个甲子，国家要做多少的事儿啊！我们国家从1978年国家拨乱反正，邓小平开始倡导改革，到现在成为世界的强国，仅仅三十年。可是明朝这两个皇帝掌控这个国家六十一年，江山社稷被他们折腾得奄奄一息了。

正德皇帝好玩儿，十五岁继承皇位，三十一岁死，整整玩了十六年。正德皇帝即位第二年大婚。我们老百姓结婚是一个男的跟一个女的结婚，皇帝是一个男的跟一群女的结婚。由太后主持，在全国选美选出的一群女人，正德皇帝一个都不爱。他是典型的家花不如野花香。在太监的怂恿下，正德皇帝到处玩女人。他首先喜欢波斯人，就是今天的伊朗、哈吉克斯坦、土耳其这一带。当时中国的北京是一个移民城市，侨民比今天要多很多，中东、南亚的人很多在北京定居。波斯人玩腻了，然后就是印度的，那时叫色目人，都是很胖的美女。正德皇帝不但猎艳，更是猎奇。他利用国家的资源，为自己的享乐服务。每天他都是嘉年华的总导演，怎么轰轰烈烈，怎么荡气回肠就怎么玩儿。

有一天有人跟他讲，大同出美女，大同女的好。中国的美女分成四大派：大同婆姨、泰山姑子、杭州船娘、扬州瘦马。大同婆姨摆在第一。正德皇帝一听，动心了，立刻就想去大同。按明朝规定，皇帝是不能离开紫禁城的，皇帝离开紫禁城必须征得文官系统的同意。正德皇帝不管这些，他把首辅找来，说我要到大同去。首辅说你不能去，天子的办公室就在文华殿及乾清宫的上书房，这是你处理国事的地方。正德皇帝说我要去看看边疆怎么样了。首辅说你可以任命各个方面的大臣，军事的、行政的、漕运的、管理百姓的、管理牧马的，方方面面的责任都由大臣来承担，皇上的职责是管理这些大臣。

正德皇帝一听，第二天又把吏部尚书找来了，指示他起草任命状，说朕现在要任命一个大将军去视察大同到榆林等西北边境。吏部尚书问他这个大将军是谁，正德皇帝说这个人叫朱寿。吏部尚书不知道朱寿是谁，想问又不敢问，只得照办。任职通知书以圣旨的形式办妥。那一天，宣旨朱寿接旨，正德皇帝自己跪下来了，他说我就是朱寿。他自己给自己起了个名字并下了圣旨。然后就跟首辅讲，我现在已经得到圣旨让我去视察大同，我现在得走了。这个故事听来像是笑话，但却是真实的历史。

大臣于是在白天把紫禁城的几个门堵住，怕正德皇帝离开，结果晚上正德皇帝吊着绳子从护城河跑了。第二天，大臣得信后出城去追赶，到了沧州赶上了。正德皇帝说你们谁再敢追赶我，就撤你们的职。就这样，他跑到了大同，在那儿住了半年不肯回来。关于正德皇帝胡闹的故事很多，这里不多说了。

再说接他位子的嘉靖皇帝。正德皇帝一辈子胡闹，不要说生儿子，连个公主都没生下来。那谁继承皇位呢？主持这件事情的首辅叫杨廷和，他从正德皇帝的近支里面找到了住在湖北钟祥的兴献王的儿子朱厚熜，他是朱厚照的堂弟，他们的爷爷是同一个人。杨廷和征得正德皇帝母亲的同意，请朱厚熜进京。告诉他可以继承皇位，但有三个先决条件：

第一，兄终弟及，父死子承，这是明代传位的规矩。因此，朱厚熜必须履行手续，过继给正德皇帝的父亲。这种做法叫承祧，符合兄终弟及的传位要求。

第二，年年的国家大祭，清明节你去烧香磕头，只能给正德皇帝父亲磕头。作为在位皇帝，应给上代皇帝磕头，这是公祭，但不能给自己的亲生父亲兴献王磕头。因为办理了过继手续，从名义上说，兴献王不再是朱厚熜的父亲，而变成了叔父。

第三，正德皇帝的遗诏宣布，他当政期间所制造的冤假错案一律平反，继任皇帝要认这个账。正德皇帝死时并没有遗诏，是杨廷和替他起草并颁布了遗诏，诛除了正德皇帝身边的佞臣，并平反了大批冤假错案。因此大得民心。杨廷和之所以提出这一条，也是怕朱厚熜登位后不认账。

朱厚熜当时十九岁，他听了这三条全都答应。因为他知道，若不答应就当不了皇帝。审时度势，权衡利弊，所以全都答应。但他接过传国玉玺之后，立刻就变了脸。有一天他把大臣们找来谈话，他说我就闹不明白，怎么我的父亲成了叔父，我的叔父成了父亲呢，这个不妥。杨廷和说，这个不可更改，这是国家传位的形式，而且你也是同意了的。就这样，皇帝和首辅两人闹起了矛盾。但是，十九岁的嘉靖皇帝毕竟是一个说一口湖北话的毛头小伙子，尽管是皇帝，满朝的文武大臣却是听杨廷和的。这个时候有一个考中进士还没有分配官职的人名叫张璁，已经四十六岁。他想，我四十六岁才考中进士，当三年县长，不出差错才可以升到一个同知，相当于副地级，再过三年，干好了当一个地市级一把手，再往上走到副省级可就难了。而且年龄不饶人，离六十岁只差十四年。把年龄账一算，张璁决定走快捷方式。于是，他就写了一篇奏章给皇上，大意是皇上一定要把自己的父亲立为兴献皇帝。他说：哪有自己的儿子当了皇帝而父亲不是皇帝的？朱元璋就把自己的父亲立了皇帝，皇上不能认别人的父亲做皇帝，你自己有父亲。嘉靖皇帝很高兴，一打听，写奏章的是一个新科老进士，眼下连科级干部都不是。他说这个人我要见见，但他见不上。杨廷和听说这件事很不高兴，指示吏部把张璁弄走。于是，吏部把张璁分配到南京刑部当一个小官。嘉靖皇帝也不是省油的灯，熬了两年，等杨廷和因为丁忧回四川老家守制。文官系统走了一个铁腕人物，再不是铁板一块了。于是，嘉靖皇帝就以选拔人才充实内阁的名义，提了一个名单，共有八个人，其中就有张璁。但是摆在第一的是杨廷和的儿子杨慎，他是武宗正德十六年（1521）的状元。嘉靖这么做，也是一种调和政策。

　　杨慎当时已经是个司局级干部，他得知这个名单后，立刻回了一封信给嘉靖皇帝，大意是：皇上如果觉得我杨慎是人才，就提拔我；如果觉得张璁这样的人是人才，你就提拔他。我耻于和他为伍，你一定要用他，就把我的名字去掉。杨慎也算是"太子党"了，但有骨气。看到这封信，嘉靖皇帝气得七窍生烟，最后皇帝大打出手，将反对他的人尽数严惩，这就是有名的"大礼案"。

嘉靖皇帝在位四十五年，政治上乏善可陈。概括起来，有三件荒唐事值得说一说。第一件便是已经介绍过的"大礼案"。

第二件，给自己的父亲修了一座皇帝陵。兴献王封地在湖北钟祥，明朝那块地方叫安陆府。为了让家乡成为"龙兴之地"，嘉靖皇帝决定把钟祥这么一个小县升为国家的直辖市。在他执政期间，国家有三个直辖市。北京叫顺天府，南京叫应天府，他把家乡搞成奉天府，并在那里修了一个假皇陵，今天也成了世界文化遗产。皇帝要抽筋，谁也没办法，挡都挡不住，因为最高的权利在他手上。

第三件事情，是崇尚道术，炼丹吃药。为什么要崇尚这个东西呢？一个目的，要长生不老。明代最长寿的皇帝是开国皇帝朱元璋，也就活了七十一岁，燕王活六十五岁，洪熙皇帝活四十八岁，宣德皇帝活三十八岁，三十多岁死的皇帝在明代屡见不鲜。正德皇帝死时只有三十一岁，如果他再多活十年，皇位可能就轮不到朱厚熜了。今天的人，想长寿都去找医生，而嘉靖皇帝却找道士，给他炼各种各样的丹，每天就吃那些丹。由于这一嗜好，他判别一个官员的好坏，首要的一个标准是看他对炼丹的态度。

过去说天子无私事，宰相无小事。我的理解是，在国家政治生活中，任何一个小的细节里面都有玄机，没处理好就会酿成政治灾难或者杀身之祸。很多人因为反对嘉靖皇帝炼丹而丢了乌纱帽。当然，也有人因此而荣华富贵。张居正三十岁时，因看不惯严嵩，以养病为由，回到老家读了三年书。可是人在江湖心想朝廷，三十三岁又回到京城，依旧在编修的位置上干了两年。徐阶这个时候进入内阁当了次辅，他利用权力安排张居正当了时为储君，日后成为隆庆皇帝的朱载垕的老师，同时还让他兼任了个职务，就是国子监司业。国子监是国家最高学府，不像今天那么多大学，那时就一所，有点像中央党校和北京大学的联合。大学也没有那么多的领导干部，就两个，一个是校长，一个教务长。张居正当司业时只有三十五岁，就因为徐阶看中他，认为他日后可担重任，故破格提拔他。

嘉靖皇帝去世，徐阶已经是内阁首辅，内阁还有三位次辅，徐阶全都抛到一边，而找来张居正起草遗诏。这是巨大的政治任务，而且也是非常强烈的信号，就像今天起草党的十七大报告一样的道理，那能让一般人起草吗？张居正的级别达不到，就是一个教务长。为了张居正能尽快进入内阁，徐阶一年时间内给他升了四级，先是当礼部右侍郎，礼部就是今天的教育部、外交部、民委、宗教局等七八个职能部门的综合，礼部的右侍郎是三把手。明代的部长，叫尚书，一个常务副部长，叫左侍郎，二至三个右侍郎，这几个人叫堂官，就是部级领导。底下各司的叫员外郎，各司的副司长叫主事。礼部右侍郎没当三个月，张居正又当上了吏部左侍郎，吏部就是我们今天的中组部，吏部的左侍郎，是二把手。又过了半年，张居正进入内阁，主管兵部与工部。这一年，张居正四十二岁。

我常说，张居正是知识分子从政报效国家的典范。看他的资历，他连县长都没当过一天，更别说市长、省长，他几乎没有从事过任何实际的行政领导工作，参加工作后除了做研究工作，然后就是教书，然后一下子当上了国家领导人。事实证明，他干得非常好。明代的首辅很少从封疆大吏中去选拔。明代的内阁辅臣一定是大学士出身，首先应该是学者。所以说，张居正不是一个个案。从封疆大吏里面起来的人，就是治理各省、各个地方有经验的人，他们最终的出路是在中央的六部三司当一把手。但是，首辅这个职位不能从封疆大吏中产生，这个位置是职业政治家的位置。包括次辅，就是进入内阁的成员，没有封疆大吏。

在隆庆皇帝登位的六年内，内阁换了四任首辅，辅臣们斗得驴嘶马喘，隆庆皇帝一概不管。一心想改革的张居正，只得隐忍着寻找时机。

隆庆二年（1568），四十四岁的张居正给隆庆皇帝写了第二封改革建议书，叫《陈六事疏》，就是国家要从六个方面进行改革。他为什么这个时候提出来呢？是因为两大政治强人徐阶、高拱这时候都离开了内阁，而皇上又是一个很忠厚的人，自己又是皇帝的老师。他觉得时机成熟了，因此把改革的思路提出来。但皇上这次又只批示了七个字："知道了，具见忠忱。"就是说我已经知道了，你对我很忠诚，再没有任何下文。张居正放了一个政治的气球，没有什么效果，就继续等待。四年之后，隆庆皇帝死去，他的儿子朱翊钧继位，是为万历皇帝。朱翊钧只有十岁，选中张居正当了首辅，到这时，改革的机缘才得以成熟。

任何一场改革，实际上是将社会各个利益集团之间的关系重新进行调整，让社会资源的分配模式更加合理。从商鞅、王安石到张居正，改革都是走的这个路子。张居正的改革是从整顿干部队伍开始的。

万历皇帝是一个十岁的孩子，身边有两个人，一个是他的生母李太后，二是大太监冯保。张居正的改革，只有取得这两个人的支持，才有可能推行。张居正看清这一点，一直注意和他们搞好关系。改革的第一步，整顿干部队伍，就是在他们的支持下展开的。张居正上任不到一个月，就提出京察。所谓京察，就是考察中央机关的领导干部。明代的中央政府有两套，一套在北京，南京也保留了一套。南京的中央政府管理的事儿很少，主要是北京的中央政府。但是不管怎么样是两套中央班子，京察从他们做起。两万六千多名干部，我指的是处级以上的，到内阁大臣这一级，全部都要写述职报告。凡是四品以上，就是今天我们所说的司局级以上的，直接给皇帝写述职报告，副局级到正科级，即五品到九品，给吏部写报告，内容是隆庆皇帝在位六年期间，你做了些什么，你做了哪些你应该做的事情，有哪些你应该做而没有做的事情。统统写出来然后决定其去留、升降、罢免。张居正提出京察三个月完成。雷厉风行，说到做到。

张居正的整顿标准是，贪官不能用，渎职官员不能用，这些人都是肯定要罢免的。他又加一条，庸官也不能用。不求有功但求无过，这也是坏官。因为朝廷的官员是一个萝卜一个坑，多一个庸官就会挤掉一个干事儿的人。他就按这样一个标准整顿，三个月后裁了三千多名官员。

有一次我到一个地方演讲，有听众质问说张居正是一个大奸臣，你今天怎么歌颂他？我就很奇怪，和他交谈后，我明白了，他的祖上就是那一次被免职的工部的一个右侍郎，回到老家以后，给他的子孙留了一个家训，就是世世代代记住张居正是奸臣。通过这件事，我认识到改革家是要付出成本的。一个国家，一个执政团体为改革要付出成本，一个主持改革的政治家更要付出成本。这个成本不仅是此时此地，更是千秋万代。所以，改革之初，张居正就说过"知我罪我，在所不计"这样的话。京察完成后，腾了一些位置出来了。第二步是要举荐干部，把一些有能力、有事业心的人才选拔到重要岗位上。万历皇帝下旨让每一个省级干部向朝廷推荐三个人才。后来吏部汇总起来，被推荐的人中得票最高的是海瑞。吏部尚书就跑来问张居正："海瑞这个人你看怎么用他？"张居正回答说："我说这个人不能用。"

海瑞这个人，大家都不陌生。他是有名的清官，但历史中的他与文学作品中的他，还是有一些出入。嘉靖四十四年（1565），他上万言书指责嘉靖皇帝而被打入死牢。正是张居正为徐阶出主意平反冤假错案，把海瑞从牢里放出来，然后还给他升官，放到南直隶当巡抚。南直隶府建苏州，管辖的地方是国家粮赋重地。明朝财政三分之一的收入来自这个地方。结果海瑞在那里当了三年的一把手，地方的财政收入少了一半，国库的税银收不起来。海瑞是一个理想主义者，简单地杀富济贫，他不抓生产。国民经济，GDP的增长，都跟他没关系，他就是抓廉政。这样一来，把国家的财税重地搞得一团糟。他一个班子的人都纷纷要求调动，不愿意跟他共事。海瑞搞得很孤立、很被动，便很愤怒地给皇上写了一封信，要求辞职。当时的首辅是高拱，他和徐阶有矛盾，也觉得海先生做事儿有点胡闹，就同意让他退休，回海南老家养老。海瑞收到诏令以后，又咒骂满朝廷全是女人，没有一个君子。这些都证明海瑞这个人好走极端。

张居正对海瑞这个人当然很清楚，他对吏部尚书说："海刚峰先生是一个好人，个人清廉，而且有气节，这都是好的，但是我现在要选用能臣为朝廷做事儿，是要选好官而不是选好人。好人就是大节不亏，不贪不懒，做事有规矩。好官不一样，上要让皇帝放心，下要让老百姓得实惠，上下通气才叫好官。如果你搞得国家的财政收入大大降低，老百姓的生活也不能提高，两头都不踏实，这就不是好官。与其这样，倒不如让海瑞在家做好人。我们要为朝廷选好官，好官就是两个标准，上让朝廷放心，下让老百姓欢呼。如果只是让老百姓欢呼，朝廷不放心，也不是好官。只一味让朝廷放心，老百姓不喜欢，执政基础没有了，皇帝的恩泽到不了这片土地，也不是好官。"张居正这席话很有见地，可见这个职业政治家看问题的方式有他的独到之处。

张居正最终没有起用海瑞，他的标准就是重用循吏，慎用清流。循吏是什么意思呢？用小平同志的话解释再恰当不过了，就是不管白猫黑猫逮住老鼠就是好猫。

由此，我想到清代的龚自珍面对清朝末年的危局很感慨地写了一首诗，其中两句"我劝天公重抖擞，不拘一格降人才"。文人论政的思维方式从这首诗可以看出来。政治家不这么看问题。张居正在人才问题上讲过两句话。第一句话是："世有非常之人，然后可做非常之事。"第二句话是："天生一世之才，必足一世之用。"他的意思是人才不假外求，一个时代必有一个时代的人才。用好了这个时代的人才，就能够创造这个时代的辉煌。龚自珍希望老天爷重新降天才下来，这是文人的人才观。像张居正这样的政治家，他所做的是：我劝天公重抖擞，不拘一格用人才。

你能把人才用起来，而且不拘一格，这就了不起。中国的知识分子有一个传统：士为知己者死。人才并不一定全是君子，有的时候人才也是小人。君子是心中慷慨无私，天下为公；小人是为国家做事时，也要考虑自己的利益。真正会用人的人是君子要重用，小人也要用。我们今天老是看电视剧说这个人是一个奴才，我说奴才是最好的人才，"奴"是忠诚，"才"指能力。对国家不忠诚，有能力更坏事。对领导，对国家很忠诚，没有才华，你根本担不起重任。所以品学兼优才是奴才。

仅以道德取人会妨碍执政者的用人思路。孔孟之道说立德、立功、立言，中国古代知识分子就是把立德放在第一。立德者为圣人，立功者为君子，立言者为贤人。

如果国家的重要部门全是想立德的人，要那么多圣人，国家就乱套了。国家要的是大量的立功的人。想立功的人就是循吏，想立言的人多半是清流。张居正懂得这一点，所以抓住了用人的牛鼻子。牛鼻子抓住了，一盘棋都活了。改革的团队建立了，改革的推进速度就快。京察之后，张居正开始向所有的贵族利益集团开刀，改革的目的就是对社会利益集团的重新定位，打破旧的平衡点寻找新的平衡点。既要考虑到各个集团的心理承受力，也要考虑到国家不至于付出更多的改革成本。

这个问题上，张居正也是做得非常出色的。孟子说了一句话："为政不难，不得罪于巨室。"这实际是告诉当官的，当官要当得好，把方方面面的代表人物全部照顾好，政权就长治久安。但是人的基本的性格是趋利的，最后强势越来越强，弱势越来越弱。政治家管理国家就是让强势这部分得到遏制，让弱势这一部分得以增加社会福利与权益。政治家平衡各种利益集团，不能像孟子那样谦谦君子不得罪于巨室，而是必定要得罪于巨室。

当时朝廷的开支很大，大臣们离开北京到外地去上任，一路上住的都是国家的宾馆，使用的是国家的交通工具。仅此一项，一年开支上百万两银子，非常之大。官员们出行由国家买单，也还说得过去。但到后来，官员的七大姑八大姨，都享受这种待遇，国家的接待费用就呈几何级数增加了。

还有就是，削减皇室开支。这是最得罪人的，这也是张居正悲剧的一个很大的起因。古代的皇帝们，国与家是不分的。在他们看来，这个国就是我的家，我想怎么样就怎么样。张居正改革就是要把国和家分开，分灶吃饭。所有的赋税收入进入国库，而所有矿山收入和榷场收入由皇帝开支。过去是混在一起，皇帝想用钱就到国库支取。张居正硬是要分灶吃饭，国就是国，家就是家。皇帝赏赐身边的宫女、给太监发工资是由皇室的收益来决定的。国家的收入用于行政的开支、军费的开支、河防水利的开支、赈灾的开支，这个分灶吃饭，遏制了皇室的膨胀。

张居正铁面无私，对皇帝也一样。在他回家葬父的路上，皇帝要调二十万两国库银给后妃做衣服首饰。内阁留守大臣不敢做主。把皇帝的批示八百里加急送到他南行的路上，他照样阻止了。他真正铁面无私。对皇帝他都这样，对别的人就更不用说了。比如对待孔圣人，历代封的衍圣公都是孔圣人后代，明代为了尊重知识分子，尊重读书人，允许衍圣公每年到北京见一次皇帝，皇帝请他吃一次国宴。就这么一个活动，却变成了衍圣公敛财的一种方式。他每年带着他山东的土特产一二百辆车子，浩浩荡荡往北京出发。一路上他有皇上的圣旨，一切费用由政府买单，而他卖的东西全归自己。到北京住下来，又把北京的好产品买一大堆一路往回卖，他的朝觐活动成了一个流动的超级商场，老百姓怨声载道。

张居正针对衍圣公的行为，也来了个约法三章。第一，规定随从不能超过二十人；第二，三年一次，不用每年来，也不准买卖。治好了衍圣公，又治江西龙虎山的张天师。同衍圣公一样，张天师也是世代袭封。首先，张居正将张天师的封号由二品降为六品，收回玉印，并且增加很多约束。他对每一个领域里面的势豪大户、王公贵族，都铁腕治理。

改革六年之后，国家财政实现了根本好转，张居正决定在全国推行一条鞭法。一条鞭法实施的前提是清丈土地。当时富人侵占的土地很多，不缴税费，因为土地没有登记。张居正利用三年的时间清出来的土地较之前增加了五百多万公顷，仅这查出的新增土地的赋税收入，就够全年军费的开支，他就因为收了这个钱所以修起了明长城。

一条鞭法的实施，让老百姓在这场改革中得到了实惠。过去交税钱、交粮、交差、交钱是分开交，老百姓交一担粮食最低也要一担三斗，那三斗叫损耗，层层盘剥。一条鞭法改成交钱，中央财政拿钱收你的粮食，老百姓就没有受到盘剥了。还有就是将差役、杂役统统按田亩折成银钱交付。这样不但便利了老百姓，也让社会得到了发育，大量的流民有了新的工作。像修河堤的、专门搞运输的，各种劳动组织都出现了。再就是流通市场得到迅猛发展，山西的钱庄出现了。当时，全世界流通的白银大约七千万两，差不多五分之二在中国流通。中国的金融业在他执政期间得到了空前的发展。

最后就是开放边贸，跟蒙古的战争从明代初年开始，就没有停止过。张居正在处理与蒙古的关系上体现出了他的政治智慧。明代通倭、通虏，都是死罪。他最终通过蒙古王的孙子巴噶奈济的投降事件，抓住契机正确处理，与蒙古签订了友好合约，并开通双边贸易，建了一个经济特区，就是呼和浩特。小平同志的经济特区深圳在最南边，张居正的经济特区就是呼和浩特，当时叫板升，在最北边，是中蒙最大贸易点。

张居正1572年当上了首辅开始推行改革，即万历新政，到1582年他死在任上，前后十年时间。大家想一想，短短十年的时间，万历新政就取得了这么大的成就，这难道不是前无古人的事业吗？这个成就的取得，主要有两条：第一是干部队伍靠得住；第二是措施得当。我们站在今天改革的角度上来看待明代张居正的万历新政，我觉得六个方面的经验值得探讨：

第一，万历新政是一场成功的经济改革。明代的第一代领导人是洪武皇帝，第二代领导人是永乐皇帝。张居正说洪武永乐创立的国家制度、治国主张不必改变，只从经济入手。现在看起来，他这样做充满了智慧。虽然有时候他也打左灯向右转，但从不在政治上做伤筋动骨的事。用现在的话说，叫一门心思搞经济。

第二，始终如一推行富国强兵的策略。国家财政不能空虚，中

历史的乡愁

央政府的权威要树立。中国这个国家尤其不能让地方拥有太大的权力，因为地方利益错综复杂，多民族，多地区，多种文化，必须要强调中央政府的权威。全国统一部署富国强兵，这是国家的方向，各种地方工作都要围绕这个方向展开。

第三，解决财富的分配模式。从他接任到他离开这个世界，官员的工资实际上增加了五倍，而老百姓的生活也实实在在得到提高，整个社会的财富都在迅速增加。

第四，让农民安居乐业。在万历新政期间，整个的社会组织在发育，各种新的职业、新的工作岗位的出现也对社会的安定起了很大的作用。农民安居了，然后城市就开始发展了。很多新的商业、交通组织，导致城市规模扩大，这为流民提供了就业机会，从而使城市化的进程得到空前的发展。

第五，加强了对官员的考核和约束力。他考核官员那一套真是绝得很，叫作"考成法"。过去皇帝下一道圣旨，执行情况没有系统检查。张居正于是设计了三个本子。一个本子掌握在内阁，一个本子掌握在吏部，还有一个本子在当事人手上。比如说湖北荆江的河堤现在要修，经过工部的论证、皇帝的批示给了你十万两银子。这个圣旨出来到通政司，再由通政司转到湖北当事人手上，层层领旨，都要写明准确的时间。每一道圣旨的落实都是倒计时。三年考察，每个官员把自己的本子拿出来看看，你是不是按时按质完成了上司交代的任务。凡是在规定时间内完成任务的，而且做得好的就升官。延长时间完成的，留任但要警示。没有完成的降职。完全搞砸的免职，承担责任。由于这个考成法的实施，朝廷的行政系统办事效率显著提高，每个官员都必须努力工作，整个大明帝国像一台高速运转的机器。

第六，肃贪。在这个问题上，张居正既严厉，又很有人情味。中国是个人情社会。比如说我过六十岁生日，我很多同学，很多学生，他们也是官员但都来给我送礼。张居正说这不是贪的内容，不能把人情也算贪。贪是国家的经费到你这来，从中切一块儿装入腰包；商人给你送钱，你帮他办事儿；下级给你送礼，你为他升官。但人情上的钱不能叫贪。他把政策划得很清楚。

可以说，张居正是累死在首辅的岗位上，作为万历新政的总设计师与总工程师，张居正真正做到了"鞠躬尽瘁，死而后已"。在他死后一年多，万历皇帝开始对他进行清算，长期受到压抑的皇权突然感觉到能够自由地发挥了，受到严厉制约的一些官员也终于松了一口气。由于对张居正的清算，万历新政的大部分改革成就都已经丧失。但是，在大明王朝风雨飘摇的时候，不少朝廷官员顶住压力，站出来为张居正讲话。

其中一个最典型的例子，叫邹元标。这个人在万历五年（1577）夺情事件中，冒着杀头的危险给万历皇帝上奏章，骂张居正是衣冠禽兽，后被打断腿送到贵州。张居正死了以后，他回到朝廷。回来以后，看到张居正死后的官场，又开始盛行贪污，官员又开始享乐。党同伐异，世风日下，邹元标很痛心。他终于醒悟张居正所作所为全是为了国家。于是，他一再呼吁要给张居正平反。到了熹宗一朝，作为三朝元老的邹元标已成为朝廷最有影响力的大臣，皇帝听从他的建议给张居正平反。但此时大明气数已尽，邹元标拄着拐杖在紫禁城里长叹："可惜啊，世上已无张居正！"他认为，只有张居正能够拯救大明王朝，但是这个人没有了。一个当年因反对张居正被打成残废的人，最后如此怀念并推崇张居正，这给我们留下多么深刻的启示啊！

不知不觉两个多小时过去了，耽误大家很多时间，谢谢大家这么认真聆听我的演讲。谢谢！


在中央国家机关读书活动中的演讲

历史的乡愁

# 张居正悲剧的意义

感谢荆州市委领导的邀请，也感谢长江大学组织了这场座谈会，让我有机会在这里聆听各位老师、专家、朋友们充满激情的发言。在座的有很多是荆州文化理论界的精英，大家对产生于自己故乡的大政治家张居正都给予了极高的评价。当然，这评价不是溢美，不是出自乡情，而是建立在理性分析的基础上。我认为目前对张居正的评价不是高了而是低了，包括朱东润、黄仁宇、黎东方、韦庆远等先生的评价都不是高了，而是低了。我不是情绪化地做出这一论断，而是经过认真研究思考，得出这一个结论。下面我谈一下自己的意见。

第一，关于张居正的执政能力问题。如果我们读官方修纂的《明史》，就会发现，对张居正的评价并不高。今天我们看到的《明史》，是由康熙朝桐城张廷玉主编的。北大教授马振方先生曾写文章，批评我粉饰张居正。马先生治学严谨，对他的批评我抱有敬意，但有一点，我提出来与马先生商榷一下。张廷玉在修《明史》时有一个前提，就是他必须要摸清康熙皇帝的历史观。康熙的情形，与万历有相似之处，也是少年登基，大臣辅政。辅助康熙的大臣叫鳌拜。这个鳌拜很跋扈，全然不把康熙这个少年天子放在眼里，因此康熙受了很多屈辱。他八岁登基，十四岁亲政后，便设计铲除了鳌拜。张廷玉在修《明史》时，不能不顾忌康熙的这段经历。因此将张居正与鳌拜同等对待，定位为权臣，加以贬低。

所谓权臣，就是使用了不应该属于自己的权力。的确，历史界一直说他是权臣，一些有影响的人物如钱穆等，写过很厉害的抨击文章。也有人写文章反驳，如我们湖北浠水人徐复观先生曾撰文严加批驳，批得最厉害的是黄冈的熊十力先生。1950年，熊先生写《与友人论张江陵书》。我在湖南的一本杂志上曾经撰文说，康熙版的《明史》是康熙的历史观，今人如果据此论述明代人和事，今人也就自觉不自觉地接受了康熙的思想、立场和史学观。即便是康熙，也说过："彼时主少国疑，使君不朝纲独握，则道旁筑室，谁秉其成？亦未可以揽权罪居正。"可见，康熙还是欣赏张居正的，他没有将张居正与鳌拜画等号。张廷玉不敢对张居正多加赞扬，恐怕除了揣摩圣意之外，也有他自己一些清流思想在作祟。所以说，我们要用辩证唯物主义、历史唯物主义的观点看待历史人物，多看明代当时人的著述。他们对张居正的评价，有三个重要的例子：

一个是我在书中写到新科进士邹元标，他对张居正当年夺情十分愤怒，在已经有四个人被打断了腿的情况下，还上书攻击张居正，认为他不回家夺情，是衣冠禽兽之举。这封奏章出来后，张居正与万历皇帝都很愤怒。邹元标廷杖八十之后，被流放贵州都匀，后世把他视为东林党的领袖。万历皇帝在将张居正籍没抄家后，把反对张居正的官员都平反、升官。邹元标回京，因看不惯万历皇帝的做法，两年后，又被贬官外放。天启时，才重新起复。因为他威望高，在读书人中享有很高地位。他第三次出仕左都御史，目睹吏治腐败、朝政松弛，便提出为张居正平反。他说了如下一段话："江陵功在社稷，过在身家，国家之议，死而后已，谓之社稷之臣，奚愧焉？" 他的意思就是：我年轻时糊涂，张居正有功于社稷。国家现在弄成这个样子，就是因为把张居正的改革成果推翻了，现在应该为他平反，为有志报国者树立楷模。崇祯时代，朝廷终于给张居正彻底平反，但为时已晚，没几年，明朝就灭亡了。

　　大家想一想，邹元标是被张居正打断腿的人，他在历尽坎坷磨难之后，挂着拐杖上朝，坚持为当年整他的人平反，这个例子很有说服力。

　　第二个是李贽。李贽是当时一流的文化名人。

　　泰州学派的代表人物何心隐，聚徒讲学，对于张居正的改革措施，何心隐大加反对，声言要入都"持正义，逐江陵去位，一新时局"。张、何的冲突达到白热化。万历七年，即1579年，何心隐六十二岁时，他在祁门学生胡时和家中被逮捕，解到武昌狱中，终被杖毙狱中。在何被捕期间，泰州学派许多重要人物对其进行奔波营救：有的为他辩冤，有的变卖家产营救，有的愿舍身替死。

有人指斥张居正为了避免学术上的歧异观点而施用政治上的迫害，最显著的例子是把泰州学派中的佼佼者何心隐置于死地，但李贽却力为辩护，认为何心隐之死与张居正无关。他在《答邓明府》这封信札中指出：

何公死，不关江陵事。江陵为司业时，何公只与朋辈同往一会言耳。言虽不中，而杀之之心无有也。及何公出而独向朋辈道'此人有欲飞不得'之云，盖直不满之耳。何公闻之，遂有'此人必当国，当国必杀我'等语。则以何公平生自许太过，不意精神反为江陵所摄，于是怃然便有惧色。盖皆英雄莫肯相下之实，所谓两雄不并立于世者，此等心肠是也。自后江陵亦记不得何公，而何公终日有江陵在念。

偶攻江陵者，首吉安人。江陵遂怨吉安，日与吉安缙绅为仇。然亦未尝仇何公者，以何公不足仇也，特何公自为仇耳。何也？以何公'必为首相，必杀我'之语，已传播于吉安及四方久矣。至是欲承奉江陵者，憾无有缘，闻是，谁不甘心何公者乎？杀一布衣，本无难事，而可以取快江陵之胸腹，则又何惮而不敢为也？故巡抚缉访之于前，而继者踵其步。方其缉解至湖广也，湖广密进揭帖于江陵。江陵曰：

'此事何须来问，轻则决罚，重则发遣已矣。'及差人出阁门，应城李义河遂授以意曰：'此江陵本意也，特不欲自发之耳。'吁吁！江陵何人也，胆如天大，而肯姑息此哉！应城之情状可知矣。应城于何公，素有论学之忤，其杀之之心自有。又其时势焰薰灼，人之事应城者如事江陵，则何公虽欲不死，又安可得耶！

江陵此事甚错，其原起于憾吉安人，而必欲杀吉安人为尤错。今日俱为谈往事矣！然何公布衣之杰也，故有杀身之祸，江陵宰相之杰也，故有身后之辱。不论其败而论其成，不追其迹而原其心，不责其过而赏其功，则二老者皆吾师也。非与世之局琐取容，埋头顾影，窃取圣人之名以自盖其贪位固宠之私者比也。是以复并论之，以裁正于大方焉。所论甚见中蕴，可为何公出气，恐犹未察江陵初心，故尔赘及。

我之所以占用大家的时间，全文读出这封信来，乃是因为李贽的这封信为张居正辩诬，是一个无可替代的证明。李贽当时为云南姚安知府，姚安就是现在的大理。李贽作为当时思想界的领袖，对张居正进行评价，给我们留下了非常重要的文件。张居正为何不能容忍何心隐，乃至要杀他？是不是地方官揣摩其心理投其所好弄死了何心隐？我看后者的可能性极大。何心隐是阳明心学的传人，属于泰山学派。何心隐以陆王心学传人自居，当时整个湖广地区都是陆王心学的重镇，私立书院很多，是传统陆王心学的重要阵地。

当其时，官学的学生对正统程朱理学教义不感兴趣，这一点正如改革开放初期，思想界以马列主义为正统，而民间知识分子研究欣赏的却是西方的民主自由，两种思想互相激荡。在野的陆王心学与在朝的程朱理学两大思想针锋相对。张居正对程朱理学也有犀利的批判，同时也反对当时的士林中人一味地拾陆王牙慧，所以他不会完全站在官方立场反对何心隐。他觉得国家要储备人才，但像何心隐那样大而无当不着边际的清谈无补于苍生。实际上他对"知行合一"思想是赞赏的。当心学演变为玄学，注重实学的张居正便有些担忧，就像今天谈到对青少年的教育，执事者也害怕所有青少年都变成崇尚空谈的清流。因此张居正下令取消全国众多的私立书院，客观上起到了钳制思想的作用。但张居正的主观动机是想正本清源，让思想界能够为他的万历新政提供理念支持。基于以上考虑，我觉得我们不要以思想家的思维方式去理解政治家的作为。

第三个是于慎行。于慎行是张居正亲自推荐给万历皇帝当老师的。万历皇帝重用于慎行，让他入阁当了辅臣。宦官张鲸与平反复职的刑部右侍郎丘橓受皇上的派遣气势汹汹去江陵抄家，于慎行写信给丘橓要他别把事情做绝了。他有一封公开信，大意是：当张居正在权力顶峰的时候，没一个人敢说他的坏话；现在他人亡政息了，却没有一个人敢说他的好话。这都是不对的，他认为首先要肯定张居正执政十年的成就。于慎行深得万历皇帝信任，是明代辅臣中为数不多的得到善终的一个人。尽管张居正当权时赏识他，但他从不登门馈遗。他不登门，张居正也并没有打压他。可见他们之间的关系非常健康。虽然于慎行对张居正的改革措施与为人也不全赞同，但却在张居正遭受迫害最厉害的时候仗义执言。

以上三个例子说明，研究历史人物除了研究正史，还应该研究同时代人的著述。同代人对张居正的评价比《明史》更为可靠。所以说，这一点非常难得。我觉得张居正"宰相之杰"的盛名是当之无愧的。历代评价中，往往对他加以道德评判，如晚节不保、权臣等等。这样有失偏颇。我不是说为官不讲道德、不讲操守，但这不能作为唯一的条件。评价一个政治家，一定要把事功放在第一位。政治家与思想家、文艺家对张居正的定位是不一样的。"富国强兵，尊主庇民"八个字，构成张居正的思想体系。这个思想是站得住的，是经得起历史检验的。

张居正为人所诟病的第二个问题是说他与宦官勾结。我曾在一篇文章里说过"宦官是政治的毒瘤"。明代的宦官，好的不多，像刘瑾、魏忠贤等，都是坏到极致。终明一朝，文官与宦官两大阵营一直尖锐对立。因此，文官中有谁与宦官拉拉扯扯，便为同道所鄙夷。宦官最大衙门司礼监，其掌印者称为"内相"。文官之首为内阁首辅。宫府之间的斗争，常常酿成政治灾祸，失败者往往是文官。在张居正之前三十多个首辅下台，不少人都是因为与宦官关系不好。张居正面对现实，审时度势，便主动与当时的大内司礼监掌印太监冯保搞好关系，这是明智之举。以此攻击他，我认为是书生之见。

张居正与冯保合作十年，宦官没有干政，这是非常了不起的，而且让挥霍无度的大内节约开支，这个有史可查。腐败被他控制住了。因此不要简单地论述他如何与宦官勾结，主要看他这样做是为了谋私利，还是为老百姓谋福利，为国家求稳定、求发展。我在书中写了这样一段故事：冯保推荐一个贪官给张居正，张居正立刻给他升官。他的朋友责问他："你口口声声反腐，却还重用贪官。人们将如何看你？"张居正回答说："如果我用一个贪官就可以惩治一千个贪官，这个贪官该不该用？"张居正是个有理想的政治家，但他知道要想实现理想就必须变通，有时甚至要与品行不端的人做交易。

在明朝这样一种政治环境中，做政治交易是必要的。如果用道德眼光评判，这显然不合时宜，是典型的清流眼光。生活与人物的复杂性决定了文学作品应对意识形态淡化，因为人物过于理想化会导致脸谱化。一个成熟的作家不应该犯道德评判的错误。这是我充分消化历史资料后得出的结论。

张居正为人诟病的，还有一点是腐败。明史专家王春瑜先生和我首次晤谈时说，张居正一面搞改革，惩治腐败，一面自己又在腐败。我对王先生说，其实张居正本身还是比较自律的，从他家抄出十一万两银子说明不了问题。这里头有一部分是皇帝赏赐给他的，史籍上有明确记载，说皇上及两宫太后对他"赏赉无虚日"，还有他的俸禄。当然也有来自朋友的馈赠。他在没有当上首辅时就曾给他的朋友写信说，我从来讨厌送礼，但一二好友送礼还是除外，因为这不是以权谋私，是朋友关系。这是为了避免做人过于生硬。当了首辅之后，连一二好友送的礼品他也不接受了。

他在三十岁时，曾回荆州养病三年，其间看到严嵩父子大肆受贿，曾给朋友写信说了八个字："吏治腐败，政以贿成。"表明他对此深恶痛绝。他非常清楚，吏治败坏是国势衰微的重要原因。

他的管家游七背着他收钱，讨了一个小老婆，是一个在朝官员的姨妹子。张居正勃然大怒，他曾规定任何家人不得干预政事。结果用家法惩治游七，打断了他的腿。这就是他约束家人惩治腐败的一个证据。

张居正的父亲去世后，敬修、懋修回去奔丧，两个儿子也当官了，完全可以用公家的驿站、公家的马车人力。但他一再告诫：你们不得用公家的接待。有一个府尹送东西，在家乡的父亲收下了，张居正知道后写信给予非常严厉的批评。这些例子在张居正的书信中有很多。

至于戚继光送美女，这个确有其事。今天写历史小说，要做到三点真实：第一是典章制度的真实；第二是风土人情的真实；第三是文化上的真实。最后这点非常难以做到，不要用今天的文化心态去评判明代的事。举例说明，一夫多妻，这是明代的婚姻制度。不孝有三，无后为大，这些大家是知道的。明代很多这样的例子，如高拱，没有儿子，朋友就送姑娘给他。当时不仅不谴责，反而认为是一种美德。没有人认为纳妾是道德败坏。明代的人包括张居正的政敌也没有一个人从这一点去攻击他。

梁启超认为中国古代有六大政治家，商鞅、诸葛亮、王安石、张居正都在里头。这个评价不低。纵观前人著述，对张居正评价最到位的是熊十力先生。他说，自春秋以降，直至今日没有一个人超过张居正。熊十力说这句话的时候是1950年，在那个年头说这样的话，可谓犯了大忌。

熊十力对张居正这位荆州先贤的评价很高，但他对张的认识也是分阶段的。第一阶段，认为他是优秀的政治家，但晚节不保。第二阶段，他也认为张居正使用了不应该由自己使用的权力，有权臣之嫌，但又肯定张居正使用这些权力为社稷与老百姓谋了不少福祉。第三阶段，熊十力又认为张居正并没有越权行政，因为管理国家的权力，本身就应该属于宰相，他只不过做了中国第一人。

熊十力对张居正做出这种肯定，我非常赞同。同熊十力一样，我对张居正的认识也是伴随着我的写作过程不断深入、演变，而逐渐丰富、清晰起来的。动笔写《张居正》之初，我想到杜甫的一首诗：

摇落深知宋玉悲，风流儒雅亦吾师。

怅望千秋一洒泪，萧条异代不同时。

江山故宅空文藻，云雨荒台岂梦思？

最是楚宫俱泯灭，舟人指点到今疑。

历史的乡愁

这首诗是杜甫当年路过归州，缅怀宋玉所写。杜甫距离宋玉大概有千把年。我和张居正相距的时间比他们相距的时间短，只有四百多年。史证不远，稽古可待。在整个写作过程中，我感受最深的是张居正的悲剧很特别。

历史上有两种人，一种人皇帝不喜欢，但读书人和老百姓喜欢，如海瑞、李贽、屈原等等；另一种人是读书人不喜欢，但皇帝喜欢，如秦桧、李莲英等等。但张居正两边不讨好，皇帝与读书人都不喜欢他。他一身而担天下事，一人敢为天下先，皇帝觉得他包揽大权，怎么会喜欢呢？在他的改革中，他对读书人一点面子也不给，如禁毁书院、扼制言论、裁汰庸官等等，把天下读书人都给得罪了。所以两种人都不喜欢他。但他推行的万历新政，底层老百姓的确得了不少实惠，很感激他，遗憾的是在漫长的皇权专制时代，老百姓没有话语权，这就是张居正被历史埋没的原因。

在中国所有的悲剧人物中，张居正的悲剧对于中国政治与文化的反思更具有典型的意义。

2005年6月9日

在长江大学纪念张居正诞辰四百八十周年座谈会上的讲话

# 我的忧患人生

一

今天，在这里和同学们交流，谈谈我的文学和人生。这并不是一个新颖的话题，像我这个年纪以上的中国作家，大都有自己的忧患人生。

今年的5月份，应中国作家协会的邀请，我参加了中国作家重走长征路的活动。在暮春的5月下旬，我来到江西瑞金。七十多年前，这里是中华苏维埃政府所在地，是红色首都。我参观了中共中央苏维埃政府各个机关的旧址，也瞻仰了毛泽东、周恩来、朱德、张闻天等老一辈革命家的故居。我是第一次来到赣南的中央苏区，可是这里所有的景物，我都感到十分地熟悉和亲切。不只是这里的郁郁葱葱的樟树林，也不只是这里的漠漠水田以及大地上蒸腾的乳白色的雾气，同我的故乡毫无二致。还有这里的民俗风情以及内敛的精神气象，与我的家乡也极为相似。我的故乡英山县，在大别山腹地，属于湖北的鄂东地区。在大革命时代，这个不足二十万人口的小县牺牲了七千名烈士。仅黄埔军校四期以前的学生，我们县就有六十多名。这些人后来大部分都成为红军的指挥员，大部分血染沙场，成为烈士。有一句格言说"英雄的归宿在战场"，所以，人们用"血染土地三尺红"来形容我的故乡。我对苏区的亲切感，来自我在童年受到的红色文化的洗礼与熏陶，也来自我对故乡前辈中那些英雄烈士的景仰。近一二十年来，由于时代兴奋点的转移，"苏区"这两个字，仿佛从民族的记忆中删除，我不认为这是一种进步。每一个时代都有自己的英雄，每一位英雄都有自己的忧患，正是一代又一代英杰的薪火传承，我们的民族才有希望。所以，在赣州市政府举行的座谈会上，我深有感触地说："如果我早生六十年，我不可能当作家。我肯定加入红军的行列，当一名旧世界的掘墓人。我非常羡慕毛泽东、周恩来、朱德这样一批革命家，他们能在中国的大地上写下民族的史诗。"这几句话道出了我的真实感情，但一个人没有办法选择历史。我是在新中国成立后出生的人，我不可能过那种"醉里挑灯看剑，梦回吹角连营"的生活。我最终在属于我的这个时代中找到了自己的位置。这就是当一名作家，用自己的笔，来书写民族与英雄的史诗。

我在二十六岁那年，写出了我的成名作。那是一首政治抒情诗，名字叫《请举起森林一般的手，制止！》。这首诗获得了1979—1980年度全国首届新诗奖。今天重看二十多年前写的这一首诗，会觉得它诗味不浓，有的诗句太直白。总之，会挑出很多的毛病。但是在当时，它却是发自我内心的呐喊。那个时代，"四人帮"刚刚粉碎，极左的幽灵还在中国大地上游荡。那时候，在座的同学们很多都可能还没出生，所以，你们不大可能理解中国的情况。我们的人民虽然看到了希望，但还在苦难之中，大部分人的心灵都处在麻木、恐惧与焦虑之中，任何一点点过激的东西，立刻会引来一片恐惧和惊慌。不是说我们某一个人，而是我们整个民族、整个国家都像受惊的小鸟。所以，这首诗在当时发表之后，立刻在整个文坛引起了震动。那种文学的冲击波，是我们今天任何作家都想象不到的。那个时候的年轻人不追歌星，不追影星，他们追的是那些为人民鼓与呼的作家。我记得我的诗发表之后，我应邀到武大来演讲。那是我第一次在武大演讲，当时我连大学生都不是，却登上了大学的讲台。不是在教室里讲，而是在大礼堂里。听我演讲的有数千人。下午五点我的演讲完毕，到八点钟我还没有走出礼堂。外面全是密密麻麻的人，走道上也全是人，我出不去，同学们都找我签字，我手都签酸了，但心底很高兴。

　　那个时代是文学的盛宴，一首好诗发表，必定万人传颂，洛阳纸贵不是一句空话，而是事实。这在今天听来像是天方夜谭，可是在当时，在我的文学生涯中，的的确确发生过。最重要的不是这些文学爱好者、这些读书人对你的赞赏，而是那些农民、老百姓的支持，的确让我感受到人民的力量。因为这首诗批判极左，触动了一些当权派的利益，于是他们利用手中的权力，组织了对我的声势浩大的批判。故乡的老百姓听说我遭到批判，都纷纷表示支持我。有一次我从武汉回去，他们得知消息，便在长途汽车站等着我。数以千计的支持者在烈日下，等待一名诗人的归来，这在今天真是难以想象。欢迎我的人，不是像你们这样正值豆蔻年华的大学生，而是乡村老大爷、老太太，朴实的农民与工人，是这样一些人，组成的我的强大的"粉丝"团。我刚一下车，他们就燃放鞭炮。当天半夜有人敲我的门，我一看，是一个老大爷，他走了几十里地，送了一瓶酒给我，对我说："听说你能喝酒，我没有别的送给你，就送你一瓶酒。酒能壮胆。如果你因为这首诗，冤屈死了，我会到处去乞讨，化捐也要化出钱来，给你修一座我们县最高的坟。"有一个老太太，让她念初中的孙子，读我的诗给她听，听完了以后，她又让儿子到县城来找我，说她什么都没有，只有两只母鸡，非要送给我吃。我的诗是1980年1月发表的，2月份过春节。那时，农村生产队一过完春节就要学文件。有一个生产队长买来几张五分钱一张的大白纸，裁成十六开的小块，用复写纸垫着，让他的儿子抄录我这首诗。全村四十九户，抄四十九份，一户一份。正月初三，他就把全队的农民召集起来学这首诗。那时候，人民群众和我们的文学，是零距离。

现在，我已经在文学的长途中跋涉了几十年，每每回忆我走上文坛最初的那一幕，仍不免激动，许多场景令我终生难忘。针对当前文学不景气的局面。我要说不是我们的人民遗弃了文学，而是我们的文学遗弃了人民。如果一个作家始终有着强烈的社会责任感，像当年从江西瑞金走出来的那一批革命家那样，永远想到最广大的老百姓，他的作品一定还会在人民大众中广为流传。我从二十多岁走上文坛，就强烈地感到这一点。记得1981年春天，我坐火车到北京去领奖，看到京广线两边的景色，我感到久违的青春回到了中国这片大地上，整个民族终于有了一种发自内心的笑声。所以我怀念那个时代，不但是文学的盛宴，也是民族生机勃勃的时代。从这里，我们可以看出文学与时代的关系。

二

一个作家理解自己所处的时代是很困难的，因为他无法站在时代之外。但是他还是能够感受时代的脉动，从中发现文学的激情。任何时候，一个作家都应该理直气壮地承担起为民族思考的责任，为社会思考的责任，为时代思考的责任。

两千多年前，我们楚国的大诗人屈原，就曾在《离骚》中咏叹"路漫漫其修远兮，吾将上下而求索"，这是一种永不懈怠的忧患精神。屈原之后，诸如李白、杜甫、苏东坡、王安石、辛弃疾、陆游、曹雪芹等等伟大的作家，莫不是这种忧患精神的薪火传人。当我们阅读这些古人的作品时，我们可以问一问，究竟有多少人是用心灵来阅读的。以旁观者的身份去欣赏它，还是努力地用心灵去体验它，这是两个概念。如果我们能真正像一些伟大作家一样献身于文学，是要承担多种风险的，同时也要承担更多的责任。

因为我的那首政治抒情诗获得全国的大奖，1981年我就调到省里来当上了专业作家。20世纪80年代，作家的地位很高。但是，进入文坛后，我立刻感到文坛所有的游戏规则，不但影响我的心态，也影响我的生活方式，甚至影响我做人的准则。我总是想办法挤出更多的时间回到老百姓当中去。但是随着时间的推移，我还是很难抗拒成名之后的种种诱惑，比如说大量的约稿，比如说各种各样充满光环的聚会，比如说各种各样让一般人非常羡慕的职位，等等。所有文学之外的东西，都来诱惑你。在1985年之前，我还有一个比较清醒的认识，我始终把那十个字牢记在心中："在山泉水清，出山泉水浊。"我试图保持我对文学原始的热恋，说起来容易，做起来真难。如果你不遵守文坛的游戏规则，别人说你孤傲；如果对一些浮华的东西你推辞拒绝，别人说你矫情。所以我说文坛的中心没有文学，至少文学的氛围已经不怎么浓了。这种现象，到今天不但没有改变，反而愈演愈烈。有的人整天忙于参加各种各样的文学会议，接待各种各样的名人，谋取各种各样的头衔。成天忙得晕头转向、身心俱疲，谋到了一官半职，当时很荣耀，可是回头一看，一地鸡毛，根本不值得一提。长时间处于这样一种生活中，一个人将会失去文学创作的感觉，这应该是作家的悲哀。

孟子说过一句话："我善养吾浩然之气。"一个作家应该同大政治家、大学者一样，善于锤炼自己的"养气"功夫。作家要想写出好的作品来，有两样不能离开，一是不能离开人民，二是不能离开自然。长期置身于人民之中、自然之中，一个作家必定能养出自己的浩然之气。昨天，我从江汉平原回来，看着车窗外的原野，虽然是萧瑟的冬天，却依然充满了生气。我不禁心情一振，对身边的人说了一句话："一个不喜欢自然的人，必定是一个精神残废的人。"可是现在，我们的一些作家远离了自然。文学的自然是由土地和人民构成的，一个作家离开了土地，离开了人民，他的精神就失去了营养，所以必定是残废的。在今天这样一个物欲横流的世界里，一个人想抗拒诱惑，保持自己文学的本真，他的勇气绝不亚于黄继光。20世纪最后一位伟大的禅师，法号虚云。这位老和尚，活到了一百二十岁。他在江西云居寺圆寂之前，说过一段话。大意是：佛教的末法时代来到了，所有的智障在每个人的心灵中产生。现代人的根器太钝，没有能力破开这些迷障。这句话对于今天的人们，具有很大的指导意义。它所蕴含的意义，早已超越了佛教。我们今天来拒绝那些物质的诱惑与感官的欢乐，需要付出巨大的努力，甚至是挣扎与撕裂。我自己的文学经历便证明了这一点。20世纪90年代之后，我有好几年的时间一个字都没写，我一直在思考我的人生应该如何发展，文学的路今后应该怎么走。其间我也下海，我下海的原因也是感觉到我没有能力摆脱文坛的种种浮躁、种种诱惑。跳出三界外，不在五行中。我必须跳出三界，所以我跳出文坛。在商海的几年，我又获得了80年代初的那种朝气蓬勃的感觉，恢复了与生活的零距离接触。这时，我再回头看我的文学圈子里的一些朋友，跟我们的时代已经越来越脱节了，他们一成不变的生活方式，已经决定了文学边缘化的不可逆转的过程。因为时代前进了，而他们却在原地踏步。

# 三

任何一个时代，任何一个领域，都有始终不渝地坚守自己理想的人。坚守是很宝贵的，我刚刚说的虚云大师，便是一个很好的例子。他当和尚的时代，已经不是中国最好的佛教的时代。他没有生在唐代，也没有生在宋代，偏偏生在一个人们不要佛教的战乱年代。他一生要付出多得多的努力，经受多得多的痛苦，才能保持一位禅师的尊严，才能实现一个出家人弘扬佛法的志愿。他用将近一个世纪的努力，最终获得举世无双的伟大禅师的地位。时代可以不需要佛教，但是虚云不能没有佛教。时代可以不需要文学，但我熊召政心中不能没有文学。这种选择，就是你要不随波逐流，你要有这种与世俗抗争的勇气和决心。

人们说，当局者迷。当我在文坛的时候，有很多东西我看不透，我摆脱不了文坛的游戏规则。当我完全离开了文坛，我以一个商人的身份，我从台上演戏的人，变成台下观众的时候，我终于对文坛每一个人的表演看得清清楚楚。我这才知道，我的过去，哪些是对的，哪些是错的。"悟以往之不谏，知来者之可追。"我开始用新的眼光来看待文学了。文学为什么越来越让人失望？它的读者群体，它的社会影响力，为什么越来越小？这个原因是很复杂的。既有社会的原因，也有作家自己的原因。我在商海的几年，还算成功。既没有套救生圈，也没有呛水。按常人来看，我已经是成功的商人了，可是我心中没有一天忘记我的追求。我始终想实现我的文学的理想。

1992年，当那一篇《东方风来满眼春》，重新让国人振奋，处于休眠期的改革又重新启动的时候，我就有一种感觉：我们的改革将会有一个新的突破，这个突破将是我们国家历史的一个拐点。在这场重新启动的改革中，有哪些是值得思考的问题呢？历史中的改革究竟是螺旋式上升呢，还是惊人的重复？我在经商之余，就思考这些问题。思考的结果，就是我最终选择了张居正这个人物作为我思考的载体。因为张居正领导的万历新政是一场经济改革。他既是这场改革的倡导者，也是推行者。所以他既是设计师，也是工程师。万历新政的成功与夭折，聚焦到张居正这个特定人物上，其悲剧的意义非常重大。于是我就带着我对今天社会的责任感，带着我对历史的思考，开始准备写这部小说。到1997年的国庆节，我和我商界的朋友们在厦门度假，打高尔夫球。我们打了三天球，到收假的时候，我告诉他们，我说我今天给你们通个气，我从1998年1月1日起，向你们请假。他们说你干什么？我说我要回去写作。他们没有一个人相信，他们说你写什么？我说我要回去写张居正。他们说张居正是谁啊？我给他们讲了张居正的经历。他们听完后摇着头说更不能写，为什么呢？第一，张居正没有名气，连我们都不知道，老百姓更不知道。你这不是自讨苦吃吗？第二，唐浩明先生的《曾国藩》、二月河先生的《雍正王朝》，都在读者中产生了巨大的影响，你超得过他们吗？

他们当时这样说的时候，引发了我内心的凄凉。张居正这么优秀的一位改革家，居然连这些博士、硕士、亿万富翁都不知道。这难道是张居正错了吗？不是，是我们的时代错了。如果一个民族，这么快就遗忘了自己的先贤，而不铭记他们，这就预示着我们的改革还会夭折。我始终认为，亡国首先亡文化。有一种事实不可否认，五四运动虽然引进了西方的德先生和赛先生，在启迪新思想上功不可没，但其负面的影响是造成了传统文化的断裂。1966年开始的"文化大革命"，更是一场文化的大浩劫。不但传统文化，连"五四"以来引进的西方文化，统统被当成"封、资、修"的东西而遭到无情的批判，并最终全部毁弃。这一连串错误，导致20世纪中叶以后出生的人，特别是像我这样50年代出生的人，几乎丧失了文化的身份。既不懂得传统的"温、良、恭、俭、让"，也不懂"仁、义、礼、智、信"，更不懂西方的科学与民主、自由与博爱。文化的真空造成了群氓的出现。只有那些认为自己是从石头缝里蹦出来的人，才会无法无天，没有敬畏感，不知道什么叫尊严，什么叫感恩。我到过欧洲和美洲，亲眼看到那里的人民，几乎个个都是谦谦君子。有一次我深有感触地说，在欧洲，我看到的出租车司机，个个都像教授。在中国，我见到有些教授，粗俗得如同出租车司机。我这么说并没有贬低出租车司机，他们的工作性质，决定了他们的行为举止可以不必像教授那样优雅。但是，教授的粗俗却是不可原谅的。因为他为人师表，必须有教养，有儒雅之风。遗憾的是我们为数不少的教授没有受过传统文化的熏陶，不要说四书五经，连唐诗宋词都背不来几首，结果导致人文精神的劣质化。

改革开放这二十多年来，出现了一大批富人和名人，但他们几乎都没有受过严格的人文的训练。这样一些人进入当今中国的上流社会，便不可避免地导致了上流社会的恶俗化。既没有敬畏，也不懂感恩。梁启超曾赞扬张居正是中国古代六大政治家之一，可是我们的富人和名人，竟然有许多不知道张居正是谁，这难道正常吗？因此我在一篇创作谈中讲到，一个作家应该用他手中的笔，来帮助民族恢复记忆。我就凭着这么一股劲儿，告别了商海，回到书斋中坐我的冷板凳。我的朋友知道无法劝回我，就问了一句话："召政，写作很苦，你过惯了商人的生活，重新回到古卷青灯的书房，受得了吗？"我说，锦城虽好不如家。文学是我的家，再寂寞，再艰难，我觉得充实，因为我守住了自己的本真。

我回到小小书斋的时候，真的有一种回乡的感觉。"白日放歌须纵酒，青春作伴好还乡。"把我疲劳的人生暂停下来，把扭曲的感情恢复过来，我又重新当起了文人，这种感觉真好。但我还只是回到文学，还不是回到文坛。在写作《张居正》的那五年时间里，我几乎跟文坛没有多少交往。我歌我哭，我爱我恨，统统都从我内心迸发出来，我不用去看任何人的脸色。我不用'待晓堂前拜舅姑'，一切的掩饰都抛弃了，一切的矫揉造作都不用了，我只需要面对我的责任。

后来，这部书出来以后，能够得到那么多读者的喜爱，我想最主要是因为我是用心灵在写作，我没有考虑任何的社会的功利因素，没有考虑文坛的潜规则。我也不去想别人会怎么看你，怎么评论你，自己能不能成功，等等，这一切我都不去想它。我觉得文学就应该是一个寂寞的劳动。

## 四

获奖以后，记者问我：你觉得文学的最高境界是什么？我说就是在自己心中放一条冷板凳，每天在那条冷板凳上坐一坐，不要为功名所累，不要让世俗牵着鼻子走，这一条非常重要。在我的文学生涯中，有一种情感几乎是与生俱来的，那就是忧患。郭沫若先生在成都的杜甫草堂里面写了一副对联：世上疮痍，诗中圣哲；民间疾苦，笔底波澜。我觉得这是一个作家文学生涯的生动写照。居安思危是文学家与生俱来的品质。任何时候，一个作家可以快乐，也可以忧伤，但千万不可游戏人生。当然，也不可游戏文学。4月11日那天，第六届茅盾文学奖公布后五分钟，新浪网的记者就打电话问我：你此刻想和广大的读者说点什么？我说此刻我只想说一句话：你尊重了文学，文学就会尊重你。今年6月，在茅盾先生的故乡浙江乌镇，举行了第六届茅盾文学奖颁奖典礼。当我走上领奖台，从中国作协党组书记金炳华先生手中拿到奖牌时，我发表了一段简短的答谢词。我说了这么几句话："任何时候，我都愿意选取历史中健康的、积极的一面，来重塑我们民族的灵魂。过去，我是这样做的，今后，我将一如既往地坚持。"这是我深思熟虑后所获。因为一个作家如果仅仅简单地把忧患变成愤怒，变成一种哀怨，那么他的作品可能误导读者。

现在，伟大的民族复兴运动刚刚开始，作为一名作家，我只能用手中的笔来参与这一场伟大的变革。这里面，牵涉到一个作家的出发点，你是建设这个时代还是毁灭这个时代？你是诅咒这个时代还是改变这个时代？在这两者之间取舍，起作用的是作家的社会责任感。我觉得一个人永远不能选择时代，这个跟到菜场买菜不一样，你可以选择是买萝卜还是买白菜，但是生活的时代你没有办法选择。你说你现在要去唐代生活，你去得了吗？你说你现在要推行美国的生活方式，有这个可能吗？一个人没有办法选择自己的民族，也没有办法选择自己的时代，但是，他有权力选择在这个时代里思考的方式，在这个民族里生活、工作的方式。我通过反复的选择，最终还是愿意当一个作家。一个负责任的作家，应该同我们的政治家、企业家、科学家一道，担负起重铸民族辉煌的重任。

我在前面讲过，在江西瑞金，我看到了七十多年前的一批热血青年、仁人志士，自觉地担负起拯救国家危亡的重任。他们的历史使命完成了，留给我们的任务是振兴我们的民族。这是一项艰巨而快乐的任务，值得我们终生奋斗。既然定下了这个方向，我们就不能当一个毁灭者、自暴自弃者，而应该永远保持一种旺盛的精神、忧患的意识。我的起点是忧患，终点是文学。


**附：回答听众提问**


提问：我有三个问题：任何一个作家，当他的原作搬上荧屏的时候，他最关心的问题，是他的写作意图和导演的思想相左。如果《张居正》出现这样的情况，如何改动？听说为了迎合观众的收视习惯，你对《张居正》剧本做了四次大手术，删除了很多自己得意的部分，我想听您对此的看法。

熊召政：好，我一个一个来回答。首先，我的四次大手术，不是把《张居正》的文学思想和精华删去了，是表现方式上的改变。为什么要动四次呢？第一次是我写完以后，因为是重点的历史大片，剧本要事先通过国家广电总局的审查。审查完后，他们提出了一些具体的修改意见，如牵涉到的宗教问题、少数民族问题；第二次是明史专家提出来的，他们主要是从尊重历史的角度提出应该注意的问题；第三次是导演和主要演员，他们从表演上的一些需要提出修改意见；第四次是发行人、投资商根据市场调查，认为应该做出调整的地方。这四次修改是缘于以上这些原因。幸亏这四次都是由我本人完成修改，我可以有所为有所不为。有些地方是可以改的，有些地方我可以换一种方式，比较灵活地表现出来。一个人很难说不向市场妥协，但可以做到把市场的因素融入文学的尊严中。一个作家过分地强调文化上的尊严，而不顾及观众读者的感受，这表示这个作家没有宽容，没有敬畏的一面。君子有三畏，畏天、畏地、畏鬼神。我们作家也有三畏，畏观众、畏读者、畏市场。要找到与观众心灵沟通的渠道。我不能说我做得很好，但我会试图让观众和读者感受到，我为他们着想的一份真情。

　　提问：20世纪90年代后期，您弃商从文，是因为您的恩师姚雪垠"死后要留有垫后脑勺的作品"这句话吗？

　　熊召政：80年代的时候，我的《请举起森林一般的手，制止！》那首诗发表，赢得了一些虚名。我作为年轻人，也非常自负，自命不凡。姚雪垠老先生给我当头一记棒喝，他说："一首诗不能定乾坤，你死后有代表作垫你的后脑勺吗？那可是砖头，是垫后脑勺的。"当时，我有点不服气，说："姚老，我也会写历史小说。"他说："好啊！"我当时是一句气话，但为了这句气话，我奋斗了二十年。后来我虽然经历了许多坎坷，但这个愿望没有放弃。当年在老师面前，还有一句话我不敢说："我要超过你。"那个时候我也是"造反有理"的年轻人，满脑子"王侯将相宁有种乎"的思想。你能成为大作家，我难道不行吗？就想取而代之。实际上当我年过四十之后，一切铅华落尽、浮躁褪去后，我很为我当年的冒失而羞愧，当然也为我最终实现了这个诺言而欣慰。姚老是第一届茅盾文学奖的获得者，我是第六届，我们中间隔了四届。我获奖的时候，他已不在人世了，但他的在天之灵一定会很高兴。尽管我的人生非常曲折，充满坎坷，但我始终没有忘记我的使命。文学对有些人来讲可能是一种谋生的手段，对于我却是实现理想的方式，是我参与生活、为民族思考的一种方式。

提问：《张居正》这部作品，符合您垫后脑勺的标准吗？

熊召政：如果我今天告别了这个世界，不管我赞不赞同，也只能用它垫后脑勺了。但我还想再活几十年，还想不断地超越自己，争取有更好的作品来垫后脑勺，那样我会很高兴的。我会为这个目标继续努力。

提问：你是不是很不赞成《西游记》中孙悟空的反抗精神？

熊召政：中国的四大名著，除了《红楼梦》，其他三部在明代中叶就出现了。为什么会出《西游记》，是因为明代嘉靖皇帝信奉道教，毁灭佛教。当时皇宫里有一个寺庙，供奉了很多的舍利子，连佛骨佛牙等，有一万七千多斤。嘉靖皇帝下令拆毁皇宫里的寺庙，把里面的法器、佛骨处理掉。在北京的菜市口，架起大火烧了几天。他还下旨，全国只允许每个市县保留一座寺庙，二十多个和尚。全国数万和尚还俗。有一个叫吴承恩的读书人，当时在湖北的蕲王府中做书记，就是秘书。他迎合嘉靖皇帝的思路，写出了当时的主旋律作品《西游记》。不知同学们注意到没有，到西天取经的除了唐僧之外，竟没有一个人，猪八戒、孙猴子、沙和尚和马，哪一个是人呀？但最后它们取到经了。这是影射佛家所谓终成正果的都不是人，是畜生。这是在当时的主流的社会意识形态下产生的作品。

提问：您对当代的教育有什么看法？

熊召政：中国现在是应试教育。当年孔子的"有教无类""因材施教""寓教于乐"这样一些观念，在今天，仿佛都过时了，弃之不用了。你看看学生们为了应付考试，都身心疲惫。我们的教育出现了一些问题，但现在这种教育机器正在运转的时候，要把它停下来，修正它，也不是一件很容易的事情。这种分数决定一切的方式，会扼杀人才，但大家觉得公平。这种公平，我认为它是一种形式上的公平，而不是结果上的公平。我不是教育家，很难说得透彻。

提问：您对《乔家大院》有什么看法？这部电视剧和现实有什么出入？对乔致庸、对晋商有什么评价？

熊召政：《乔家大院》的作者是我在武大作家班的同班同学朱秀海，他是一位优秀的作家。他写历史题材的作品是第一次。初显身手就一炮走红，我为老同学高兴。这部戏是歌颂晋商的，但对晋商的评价，不是一部电视剧就能给出完美的答复的。

提问：美国人有敬畏，尊重前人的习惯，近年美国人发动南斯拉夫战争、伊拉克战争，与他们所说的是不是矛盾？

熊召政：这要将一个民族的文化基因与政治集团的利益区分开来。丘吉尔说过，世界上没有永恒的朋友，只有永恒的利益。美国的政治集团考虑的是国家的利益，与文化风气不能完全等同起来。政治家和学者的首选是不一样的。学者考虑的是民族长久的忧患，而政治家更多地考虑眼前的利益。总的来说，美国文化中的敬畏、宽容与创新，是值得我们学习的。

提问：你对当代河南文化及对河南人有何看法？

熊召政：朱秀海就是河南人，河南籍朋友好多好多。我认为时下社会上对河南人的看法，是从玩笑开始的。河南人成了玩笑的符号，这跟河南人实际上是不一样的。某一地域上的人在某一个时段充当一个不幸的玩笑的角色，我深表遗憾。

提问：我想听听你对中国传统文化和西洋文化发展趋势的看法，中国发展传统文化的同时，怎样对待西洋文化？

熊召政：这个问题刚才我已经回答了。我谈到改革佛教的问题，就是一个例子。无论是洋为中用，还是互为表里，都在探索中。一百年的时间还太短了。上一代人将文化的接力棒交到我们手里，我们还会交到你们手上，你们还会往下传。这绝对不是九斤生七斤，七斤生五斤的关系。要用我们的智慧来开启民族思考的大门，来容纳西方文化，这一过程是漫长的，而且是非常漫长的。

今天我们就交流到这里，谢谢大家！

2005年12月23日

在武汉大学的演讲

# 文人与商人

一

非常高兴来到成都电子科技大学和同学们交流。我今天演讲的题目是《文人与商人》。

同学们可能感到奇怪：一个作家，为什么要讲这样一个题目呢？这是因为我曾经下海经商了几年。每次演讲之后，总有人问我经商的经历。在财富英雄日渐受到社会追捧的时代，我的这段经历引起人们的好奇原也不足为怪。我便想到应该找一个机会，回答大家的好奇，即我是怎样当文人的，又是怎样当商人的，两者是怎么结合的。很多诸如此类的问题。我干脆通过成电讲坛告诉大家。

在中国古代，我们谈到文人，类似于今天我们说到知识分子，是一个很宽泛的概念。但如果认真地研究就会发现，文人从来都不是一个整体。无论是价值取向，还是生活旨趣，都大相径庭。古人言"渔、樵、耕、读"四大贤人，读书人摆在最后。这读书人便是知识分子，便是文人。文人进入社会之后，便立即分化，他们的社会职业千差万别。我们的两院院士是文人，官员、政治家也是文人，学校里教书的老师、幼儿园里的阿姨都可以叫文人。所以说，文人不是一个整体，它只是社会人群中的一个类别。凡是读书人，凡是知识分子，都可称作文人，这是广义的文人。这个文人，其实是文化人。

如果说狭义的文人，就是单纯指吃文学艺术这碗饭的人。靠手中的一支笔谋求生存，为社会做某种贡献。像扬州八怪，卖文、卖画为生。这样一部分人面很窄，他们通晓诗词歌赋、琴棋书画，即我们所说的文学家和艺术家，这应该是文人的正宗。但是，在古代即便有文人的身份，但靠一技之长谋求生活，即我们通常所说的职业化生存的人，还是非常之少。我们读一读中国的文学史就会发现，从屈原写《离骚》开始，直到晚清，靠写作为生的作家非常之少，古代中国作家的出身多半是官员。不过，有趣的是，他们身后的大名，并不因为他们是高官，而是因为他们的作品。我们忘记了屈原三闾大夫的身份，是楚国的高官，只记得他是诗人。不过，在官本位的中国，衡量一个作家成功与否，除了文学这把尺子，还有官场这把尺子。你的作品写得非常好，在社会上影响非常大，但你若没有一官半职，没有当上作家协会的领导，开会时你还得坐在台下，排名时你就得往后靠。这一点，古往今来没有改变。杜甫的官很小，充其量也就是个处级吧。但后人给他编文集时，不称《杜甫全集》，而叫《杜工部全集》。放在今天，可能就是《杜处长全集》。大家觉得可笑吗？其实一点都不好笑。这是文人的悲哀。杜甫有诗圣之称，但诗圣没有级别。工部是个小官，但是朝廷命官。因此，工部这顶乌纱帽比诗圣这顶桂冠值钱。为什么会出现这种滑稽的现象呢？这是因为孔圣人说过"学而优则仕"，这五个字成为朝廷乃至民间衡量人才的标准。书读得最好的人，一定要当上高官。这是人才量化的一个标准，甚至是唯一的标准。

因为"学而优则仕"，古代文人中的很大一部分，承担着管理国家的责任。在古代流传着一句话："学好文武艺，货与帝王家。"知识分子建功立业的思想，就是为朝廷服务。因此在古代没有专业作家的说法，从政之余，吟诗作赋。这些人的专业，用今天的话说是公务员，业余身份是诗人、画家、书法家。当然，也有极个别例外，有些文人入仕，只是搞专业。像吴道子，他是宫廷画家，用今天的话说他是享受正部级待遇的画家，也是官员的身份。米芾是大书法家，但他不是搞专业，他是行政长官。这样的文人，被后世称为楷模。但心仪归心仪，真正仿效的却不多。中国的文人同西方的知识分子不一样，虽然在常态下，都积极进取，但若有个风吹草动，其妥协与退缩的艺术也不可低估。

文人有时可爱，有时可恨；有时可敬，有时可杀；有时缚虎除害，有时舍身伺虎，有时为虎作伥。古代一个优秀的作家、艺术家，其安身立命的东西首先不是写一部好作品，画一幅好画，而是要"学而优则仕"，谋个一官半职。如果一味当官，也会被人瞧不起，当到一定的时候就退隐，就是主动把乌纱帽摘掉，挂冠还山，这种人就会获得清誉，他的作品便尤其受到世人的重视。像郑板桥是当了多年的县长退休后，才到扬州卖画的。我们的大诗人李白，也跑到官场凑了一回热闹，当了大学士，也就是皇帝身边的御用文人。民间故事中说他醉草蛮书，让杨国忠捧砚，高力士脱靴，就是宣传李白当大学士时的狂劲儿。不过，李白也是实在当不了官，他才情很高，但他的行为举止和官场的游戏规则离得太远，太不靠谱了。所以皇帝只好将他放金还山。

但李白只是文人中的个案，从通常意义上说，古代文人是整个社会游戏规则的规范者，是整个社会风气的倡导者。美国学者托夫勒在他的《第三次浪潮》这本书中讲到"风俗自下而上，风气自上而下"，这话很有见地。贩夫走卒，引壶卖浆者流，他们的行为举止、生活习惯，形成的一种嗜好、一套规矩，便是风俗。比如说，成都人到了冬天一见到太阳，就想跑到郊区去喝茶、打麻将，一进足球场，就狂呼"雄起"，这就是成都的风俗。而武汉人早上起来，谁也不想生火做饭，而是上街去"过早"，不是买一碗热干面，就是买两只面窝，一边吃着一边赶乘公汽，这就是武汉的风俗。相对于风俗，风气更偏重雅的一面。两者的关系，有点像下里巴人与阳春白雪的关系。风俗是大众的，随处可见的；风气是小众的，有时是与风俗相背离的。在中国古代，文人的主体在上流社会，因此文人是风气的倡导者。用今天的话说，就是为精神文明提供一个正确的蓝本。我们中国古代的文人，绝对不会像凡·高那样，把自己的耳朵割下来，在情人节送给一个妓女。凡·高这种人在中国，一定会被认为是神经病。事实上，凡·高也的确是神经病。在中国，文人私下里可能会欣赏凡·高，但从普世的道德观念出发，中国文人就会和凡·高划清界限。中国古代文人最张狂的例子，莫过于竹林七贤，也就是通常所说的魏晋风骨。他们的怪异，不仅体现在行为举止上，更体现在思想上的叛逆。嵇康临死时弹《广陵散》，表现他卓尔不群的个性。

二

　　如果从利益与社会地位来划分，文人不是一个整体。社会各个阶层里都有文人。私塾先生、账房先生是文人；吕洞宾、张天师也是文人；从秦国的李斯到晚清的翁同龢，中国的宰相几乎都是文人。皇帝可以不是文人，刘邦不是，朱元璋也不是。但刘邦手下的萧何、张良是大文人，朱元璋手下的刘伯温、宋濂也是大文人。离开了文人，中国的文明史将不存在。《易经》与《天工开物》这样的书，是文人写的；《全唐诗》与《全宋词》，也都是文人写的。贞观之治、万历新政这样成功的治国经验，也都是文人创造的。古代的文人中，通才很多。上马治军，下马治国，坐而论道，还兼通六艺，出了许多了不得的人物。今天社会分工越来越细，学科之间的鸿沟越来越深，所以不能像古代一样出通才。学问越来越专，决定了今天文人的队伍发生了很大的变化。科学技术的迅速发展导致了文艺的萎缩。我说的萎缩不是指量，而是指质。今天文艺的最大功能不是教化，而是娱乐。真正意义上的兰亭雅聚不复存在，而极尽奢靡的嘉年华却天天都有，娱乐明星都成了艺术大师，受到年轻人的追捧。这种情形下，真正的艺术很难出现。这是问题的一个方面，还有一个方面是，今日的官场，已不是文人兴会的地方。古代的大文人，一般都另有一个大官人的身份。如唐宋八大家，几乎都是官员出身，这在今天几乎不可能。所以说，今天的文人比之古代，不是在膨胀而是在萎缩。

历史上读书人最高的理想是当官，这一点没错。为什么呢？在古代，文人最能实现自己理想的平台就是官场，只有当了官，才能完成自己的事功。西汉的班超在书房里把笔一丢，"大丈夫当万里封侯"，他觉得当一个秘书没有什么意思。今天，谁要是能当一个秘书，脸上就很有光彩。古代的文人并不这样想，而是觉得当秘书是个没出息的选择。班超果真辞去了秘书的工作而参军到了部队。投笔从戎的故事，就是这么来的。

古代读书人，完成理想分四个阶段，即"修身、齐家、治国、平天下"。这是循序渐进。前两项在个人领域，后两项在公共领域。一个文人的一生，便围绕这四样任务而展开。实施过程中，也讲究一个进退之道，即"达则兼济天下，穷则独善其身"。历代文人，达者很少而穷者很多，这是因为官场的位置有限，僧多粥少嘛。所以，当了官的文人就很光彩，就成了楷模，当不成官的文人就成了落魄书生。混得好一点的，就成了唐伯虎、李渔，成了风流才子。混得不好的，就成了金圣叹，惹来杀身之祸。读书人觉得自己最好的出路是当官，这应该是一种历史悲剧。造成这种悲剧的原因，是社会的发育存在问题。在专制社会，公共资源的配置权被控制在朝廷与官场。一个文人要想经邦济世，造福于民，首先就得拿到资源的配置权。这样，除了当官，他还有什么办法实现理想呢？

文人想当官，这不是文人的错，而是一种政治制度造成的。值得庆幸的是，到了20世纪80年代，在小平同志倡导开放之后，这种情形有了很大的改变。由于改革，知识分子不再只有当官一条路可走。社会精英的主体不再全部集中在官场上。在龙腾虎跃的今天，我在各地行走，经常碰到一些优秀的大企业家，看到他们的名片，往往在某某集团公司的董事局主席或CEO职务之后，还有一个头衔：博士。博士就是古代的进士，他们能够在当官以外的天地里寻找到为社会服务、实现自己抱负的天地和平台。这是社会进步的表现。邓小平的改革开放，让中国的读书人有了空前释放自己创世激情的机会。如今，传统意义上的文人，即我们今天所说的知识分子，分流为三大块：第一块还是当官，国家、省市、地市一直到县的各级官员，可以说清一色都是读书人出身。没有文凭就不能当官，这有点古代的味道了。只不过古代的科举选士制度，比今天更严格一些。第二块是以两院院士为代表的科技教育界的知识分子，这些人造出了"两弹一星"，培养了几代知识精英，可谓居功至伟。第三块即企业家。20世纪90年代开始，掀起了"文人下海"的浪潮。这些文人，有点像当年美国淘金热潮中的西部牛仔，也有点像投笔从戎的班超。虽然失败的文人很多，不少人在商海里呛了水，灰溜溜地爬上岸来。但也有一些文人成了商界巨子、财富英雄，像联想集团的柳传志、搜狐的张朝阳、巨人集团的史玉柱等等，都写出了新的商界传奇。政治、科技、商业，这样三足鼎立，让文人们报效祖国、实现理想的机会大大增多。一个可能会终老江湖的文人，突然成了万众瞩目的大企业家，这是个人的传奇，也是社会的传奇。无数的传奇，诞生在我们这个改革开放的时代中。

## 三

中国历史上，曾有几个人才辈出的时代，一个是公元前6世纪至公元前5世纪之间，即春秋战国的转换期。那段时间出了老子、孔子、庄子、伍子胥、范蠡、孙子等等，这是中华文化的发育期。第二个时期是东汉晚期，就是我们说的三国时期。从公元189年董卓进入洛阳开始，到三国消亡，一共九十一年。这一时期天下大乱，诸侯割据，无数军阀都想问鼎天下，不停地征战。最后剩下魏、蜀、吴三国，它们都需要大量的人才保证自己战胜对手，在政治舞台上崛起。这就导致中国的人才成倍地释放，那些可能终老江湖的人变成了耀眼的军事明星、政治明星、战略明星。当然这不是文化发展的时代，是军事计谋发展的时代。

第三个人才辈出的时代是从辛亥革命后到北伐战争之前，这二十多年人才急骤地喷发出来，出现了很多大思想家、政治家、军事家、文学家。人才的面比三国时期更宽。孙中山创立了黄埔军校，三十八岁的蒋介石当上了校长。周恩来在法国，后经人推荐回国，担任黄埔军校政治部主任，当时只有二十七岁。那时的周恩来只不过是一个知识青年而已，但一下子就进入了政治舞台的中心。三国时的诸葛亮被刘备三顾茅庐，出山当军师时，也是二十七岁，他们都是赶上了好时代。二十七岁就能够运筹帷幄，问鼎天下。如果不是在激进发展的时代，有可能吗？今天有很多大名鼎鼎的年轻人，二三十岁就成了大企业家，坐拥几十个亿的资产。这就有点像当年的诸葛亮和周恩来了。在经济领域里逐鹿中原，这也是碰到了好时代。

同过去人才辈出的时代所不同的是，当下这个时代给读书人创立的前所未有的机会，不是以战乱为代价，不是以军阀割据为代价，更不是以生灵涂炭为代价。邓小平倡导的改革开放，是在创造我们民族伟大的新史诗，它给文人提供的机会，是迈向盛世所创造出的平台。在这个平台上，一些年轻人很快找到施展自己才华的位置，像网易的丁磊、阿里巴巴的马云，身价都不低啊！有人说他们是碰上了好时候，不一定有什么超凡的才能。我不同意这个说法。能在纷繁复杂的社会中找到自己的位置，这不是超凡的能力又是什么？任何一个时代，一个人要想成功，都必须进入主流社会。国家实施重大战略转移，以经济建设为中心的时候，经济领域便是主流社会。在主流社会里，我们会获得更多的资讯，更准确地把握时代，获得更多地锻炼自己的机会。一个人只有经历了足够多的曲折和坎坷，尝到足够多的创业的艰辛，他才有可能成为一流的人才。

以我自身的经历为例，1980年我二十七岁获全国诗歌大奖。那一年春天，全国短篇小说、中篇小说、报告文学和新诗四个大奖一起在人民大会堂颁发，党和国家的十几个领导人来为我们颁奖。从一滴水中见太阳，从作家们受到的礼遇，我感到中国的春天开始了。几十名获奖作家中我的年龄最小，只有二十七岁，因此也特别激动，我感受到美好的时代开始了，我们要努力！这种强烈的感觉，不是飘飘然，不是得意忘形，而是让我有一种神圣的使命感。我感觉到社会向我开放了，我应为社会做点什么。当这种使命感在我心中升腾的时候，它让我躁动。领奖回来我坐在南行的火车上，看到华北平原的麦子已经开始成熟了，白雾一般的地气在升腾，再没有那种萧瑟的感觉。我当时非常激动，就在火车上写诗："我的坐在风车上的乡村啊，我的叼着旱烟袋的乡村啊，你说，我该怎样歌唱你呢？当有人把你从要饭的篮子上摘下来，洗得干干净净，重新放回到朝霞满天的原野时，这个人，我该怎样歌颂他呢？"这个人便是小平同志，是他让文人的价值回归。我觉得我生命的创世之旅就是从那一刻开始的。

# 四

现在我来讲讲为什么我在文坛有滋有味的时候，却又突然下海经商。我1981年二十八岁就调入省城，当上了专业作家。但在进入20世纪90年代之后，我突然感觉到所有的激情都消失了，每天坐在书房，不知道要写什么。1992年的某一天，我要出差，那时火车票很紧张，我便请铁路局的朋友给我买一张火车票。我提前五天告诉他，他很为难。后来他把票给我，说："召政啊，你的这张票真难。"我问："为什么呢？"他说："你知道软卧车厢里坐的是什么人吗？第一是领导干部，第二是汉正街的个体户。"汉正街是武汉的小商品贸易市场，全国有名，这条街盛产万元户。在90年代，万元户还是很吸引人的。我听后心里有点不舒服，我说按规定我可以享受的啊！他说："规定没用！只有这一节软卧，要坐的人很多，领导干部必须保证。个体户可以出三倍、五倍的价钱，你又出不起。"我说："个体户有什么了不起，不就是有几个臭钱吗！"
知识分子的尊严受到伤害。朋友说："你也别这样说，不信你也去
赚钱试试！"我说："我就赚钱给你们看看。"朋友间谈话嘛，我
很认真也很不服气："高智商的人能写文章，还赚不回几个臭钱
来？"在内心深处，我那时非常瞧不起商人。我的尊严提醒我，我
得试试。那是一个物资短缺的时期，从生活用品到建筑材料，什么
都缺。湖北有一个武钢，也有一个生产东风卡车的二汽。但不管是
钢材还是汽车，价格都是双轨的，即计划内的价格比计划外的价格
要便宜很多。一些有本事的人通过领导批条子弄出计划内指标，拿
到市场上一倒手，大把大把的钞票就揣进了兜里，社会上管这种人
叫"倒爷"。我也不知道哪来那么大的勇气，有权有势的亲戚一个
也没有，偏还想当"倒爷"。我天天去看东风卡车的价格，然后绞
尽脑汁想，到哪儿可以找关系批条子搞一台车，倒出去赚一笔钱。
不到一年的时间，螺纹钢的价格、东风卡车的价格搞得一清二楚，
我成了价格专家，就是没有当成"倒爷"。我出身于工人家庭，先
天不足啊！在计划经济的年代，我们文人实现不了自己的理想。如
果网易这个门户网站也要国家发改委批准的话，能够实现理想的就
不会是丁磊了。平民出身的文人，既无权又无钱，搞不了寻租啊。

当不了倒爷，我决定下海。汉正街的个体户，卖纽扣也卖成了
万元户，我不至于连纽扣都不会卖吧。听说我要辞职下海，我的家
人全都反对，但我血液里有一种勇往直前的勇气。一经决定要做的

事，十头犟牛也拉不回。

　　我下海时给自己定下三条游戏规则：第一，我是文人，不做文化生意，那时文人下海做什么呢？印书、卖挂历、做点小广告，都是小生意，一点意思都没有，赚不了什么钱，还很被人瞧不起。第二，凡是人民币形成"场"的地方，我就到那里去。哪儿钱多，我就到哪里去，这叫"场"效应。第三，跟文坛决裂，自我人间蒸发。因为老挂着文学，生意就没法做了。因为这三点，我很快找到了商场的感觉。我在商场里的几年，所有人都忘记了我是作家出身，我自己的思维习惯也完全换了。文人把自己的尊严看得高于一切，商人把成功看得高于一切。我下海的第一件事，是做高尔夫球场。我投入一百万在里面，如果不成功，我这一百万就没了，非常现实的问题。而文人一篇文章不发表，不过浪费一张稿纸和半天时间，这成本很低。如果这时候我还把个人的好恶看得高于一切，我就不是商人。商人满眼都是利益，必须尽最大的努力促使自己的项目成功。商人比文人活得残酷得多。如果没有商业的训练，我会用文人罗曼蒂克的方法来写《张居正》，老让人爱憎分明。我知道，最不能爱憎分明的是政治家和企业家。职业的要求，必须把自己所有的东西隐藏起来。文人的习性是一吐为快，这在商场却使不得，性情中人是经商的大忌。赚钱的快感与写文章的快感有点相同，但又不是一回事。记得我第一次赚到五千块钱，左看右看，兴奋得通宵睡不着觉。我在80年代，十年的稿费攒起来有三万元。后来炒股票，这三万元半年时间变成了二十八万。十年赚三万，半年三万变成二十八万，那时我老觉得这是梦幻，这比唱《国际歌》还让人振奋，就觉得这个时代太好了，它给了我很多的机遇。我不用找人批条子，知识分子可以躲避行政权力的压迫，获得自己的财富。要说时代进步，这便是最大的时代进步。

在商海的七年，我做过高尔夫、房地产和证券，结识了一大批商界朋友，其中不少是精英人士，至今还是叱咤风云的时代骄子。尽管我也算获得了成功，掘到了第一桶金，家中五十块钱买的一辆破自行车换成了奔驰和加长的凯迪拉克，房子也越住越大。但我并没有乐不思蜀，最终还是回归文人的身份。我这么决定，是有两个原因：第一，在经商期间，我利用业余时间大量地研究明史。我觉得张居正这个人在我心中已是呼之欲出了，我想集中时间、集中精力为他写一部历史小说。第二，我已经失去了赚钱的快感。当年赚五千块钱，兴奋得一晚上睡不着觉。现在一天赚一百万，也完全不能兴奋。我心里明白，这种兴奋感的消失，证明我不是一个好商人。其实，我当年下海，就是为了赌一口气，试试自己能不能赚钱。

1998年秋天我接受香港亚视采访的时候，主持人问我："熊先生，现在文人都急于到商海里去，你为什么要回来？"我说："第一，我的性格不适合经商，我好静，喜欢独处。商人不一样，他需要把自己的生命向社会全部打开。第二，我骨子深处还是一个文人。我从小受到的训练是文学。我五岁开始练毛笔字，背诵唐诗宋词，背《古文观止》《文心雕龙》。我受过的职业训练告诉我：将来能够激发我生命能量的恐怕还是文学。因为碰上改革的好时代，我掘到了第一桶金，也掘到了第一桶智慧。第一桶金保证了我智慧的生活。但再在商业上往前走，我恐怕不会有更大的成就。说一句很势利的话，当李嘉诚、比尔·盖茨这样的超级企业家，我今生无望。我的年龄、资历、经历都不能保证我完成这个目标。但是我在文学上非常有雄心，只要我努力，兴许还有可能成为中国的托尔斯泰，我有这个野心。今天借你的镜头，告诉观众，我下海几年得出的经验是：赚钱很容易，写文章很难。"主持人笑起来了："熊先生，因为你成功了，你可以说这句话，你认为所有文人都能说这句话吗？"我说："这是我说的话，不是作家协会主席说的话。因为在这么好的社会环境下，赚钱只需要中等的智慧；可在这种浮躁的社会环境下，沉下心来写一部力作，你需要上等的智慧。因为你首先要抗拒而不是顺从。我没有贬低能赚钱的人。如果我年轻二十岁，我就不说这种话了。"

在漫长的岁月里，文学家、艺术家曾经是社会风气的提倡者，现在这种功能基本转向了企业家。在经济活力成为社会主流的时候，作家已被社会边缘化了，他头上的光环让给了企业家，这绝不是社会的退步，而是进步。如果一个人在三国的时候，想当曹雪芹，一定是吃错药了。当时荆州刘表的问题就是出在这里。他找的人才都是经学家、作家、诗人、画家，他眼皮下的诸葛亮、庞统、徐庶这样一流的战略家，他却一个都不要。在一个国家和地区需要发展的时候，你不要战略家、军事家，而是要文学家，这不是吃错了药吗？所以，刘表的地盘最终被曹操、刘备、孙权瓜分了。

## 五

清代诗人赵翼有两句诗"江山代有才人出，各领风骚数百年"，用以比喻时下文人发展的态势。"江山代有才人出"，不是指新作家取代老作家，而是企业家取代文学家，商人取代文人。作为作家，首先要肯定这种取代，其次我们还是要有自信。三国时期固然偏重于政治家、军事家和谋略家，不是还出了以三曹为代表的建安文学吗？辛亥革命后的中国同样是以政治家与军事家为主，但不是还出了鲁迅、郭沫若与郁达夫这样的大文学家吗？人才是和时代的发展紧密相连的，从文人的变迁也可以看出时代发展的轨迹。任何一个时代，知识分子都想建功立业。但在什么领域里建功立业，固然有个人的爱好，主要还是看时代的需要。在今天来讲，当一个企业家比当一个作家更有利于自己的发展，因为社会给企业家的机遇更大。这就是中等智慧可以做成功的商人，上等的智慧才能保证做一个成功的文人。如果是上等智慧的人做企业家，那他就可以进世界五百强，这比写一本书更有用。

经商对我人生最大的改变是什么呢？如果归于一点，那就是我没有放弃文人的道德自律，但放弃了自恋。我知道怎样和社会对话，怎样顺应时代的潮流；我知道一个知识分子在今天应该如何发挥自己的作用，应该采取什么样的一种生活方式。怨天尤人是没有用的。去年，我参加省政协会议，文化组政协委员讨论。画家说湖北没有书画市场，卖不出去画作；刊物主编说办刊物省里给钱太少，扶持力度不大……每一个人都在发牢骚。我知道，他们的牢骚都是货真价实的，但还没有走出计划经济体制下的文人思维，没有在社会多重视角下看待自己所从事的工作，应该怎样寻找对策和出路。我三天没有讲话，后来召集人要我讲一讲，我说："大家说省长的工作报告中对文化的重视程度不够，只提了两句，几个字你们都算出来了。其实不提也可以。"大家听后一愣。我说："布什每年的国情咨文里没有提及美国文化该怎样发展，结果美国文化向全世界输出。我们现在提出文化复兴，恢复到唐朝的水平，可唐太宗文集里没有谈文化问题，全部是谈政治问题。文人从事自己的事业，为什么要靠政府？你们为什么不能自己解救自己，发展自己的产业？"文人总是愿意把自己当作藤，没有想到自己怎样成为一棵树。没有凤凰会栖在藤上，它只会歇在树上。不要把自己的幸福寄托在别人的施舍上。我讲的话，文人听了不是很高兴，但听后又觉得有道理。

有一年，飞机失事，我写了一首诗，结尾的两句是这样的："猛一听到飞机失事的消息，我就想，借别人的翅膀飞行，总是不安全的。"我在做商人的时候，就提醒自己，得自己长出翅膀来，自己给自己当天使。

今天，在我气定神闲写自己作品的时候，我不是为生计而写作，而是为爱好而写作，说得大一点，是为理想而写作。我经商的经历，使我跨过了为生计写作的阶段。有人跟我讲，说我是典型的儒商。我说："你说错了，我不是儒商，我是商儒。"这有什么不同？儒商是把他学到知识用来经商赚钱，商儒是把经商赚取的钱用来实现自己的文学抱负和理想。我也希望同学们能当儒商的，就当儒商，能当商儒的，就当商儒。

2007年4月30日

在成都电子科技大学的演讲

# 作家的责任

一

　　我今天给大家演讲的题目是《作家的责任》。首先向大家介绍一下，我是怎样走上作家之路的。我五岁开始上学，十一岁以语文成绩第一名的成绩考上初中。到初中去报到的时候，学校大厅的两边挂了两条标语，一条是"欢迎你，未来的科学家"，另一条是"欢迎你，未来的文学家"，我看了看就站在文学家的条幅底下去了。当时是我母亲陪我去报名的，她见我站在标语下不走就说："你老站在这里干什么？"说着，拉着我就走。这时学校的一个老师看到了，就问我："你想当文学家，是吗？"我回答："是啊！"谁知道这位老师就是我后来的班主任。开学第一天，他就说："我在报到那天看到我们班有个同学站在文学家的标语下，他想当文学家，现在我请他起来和大家见面。"我当时个头儿很矮，十一岁，大概连一米五都不到，体重也很轻，完全是一个发育不成熟的样子。我站起来，老师就问我："文学家有很多种，你愿意当什么呢？"我说："我想当诗人！"从那以后，我就有了一个绰号"熊诗人"。他们喊我熊诗人的时候并不是一种鼓励，而是取笑。"你们看，全班最矮的一个人，发育都不成熟，还想当诗人。"就是这种嘲讽和玩笑，激发了我做人的尊严。这些细节决定了我最终走上文学的道路，此后的四十多年中，虽然我经历了很多坎坷很多曲折，可我还是按照我十一岁的时候立下的决心走到了今天。

我喜欢文学的时候，是20世纪60年代中期，那个时候文学不是百花齐放，而是百花凋零。后来发生了"文化大革命"，我们这一代人被剥夺了上大学的权利，全部下放农村劳动。我1969年下乡，跟我一起的知识青年有好几十个，组成了一个知识青年宣传队。在宣传队里，我这个半瓢水，成了难得的笔杆子。我从编三句半开始，到写歌词、快板书，到编舞蹈、歌剧、小话剧。我记得很清楚，到了1976年，我们县里的宣传队到省里会演，结果省里文艺界的领导一看，怎么这个宣传队的节目全是熊召政一个人写的啊？熊召政是个什么样的人呢？他们感到好奇，等见到我本人，他们才发现熊召政是个矮个儿的毛头小伙子。在这之前的1974年，我要写一个诗朗诵来庆祝国庆三十五周年。记得我花了一晚上的时间，写了一首《献给祖国的歌》，后来这首诗发表在当年的《长江文艺》上，整整八个页码，非常长的一首诗，这是我平生第一次在省级刊物上发表作品，而且是头条。这首诗发表的时候，我还在乡村当知识青年宣传队的队长。白天劳动，晚上写作、排练或者演出。每天的劳动负荷非常大，又没有什么吃的，幸亏年轻，不然，身体早垮掉了。有一天，我在田里插秧，看到一辆华沙牌小汽车，远远地从山间公路上开过来，我开玩笑地说："这不知道又是哪个'走资派'来了！"正说着，只见那个车就停在了我插秧的田头上。从车上下来一个胖老头，还有一个县里的干部跟着他。一会儿大队长就叫我："熊召政，你起来！"和我一起做农活的同伴们说："你说他是'走资派'，他听见了，找你算账来了！"当然这是玩笑话。我带着两腿泥走到胖老头跟前。通过介绍，我才知道这是省委宣传部的一位领导。他问我："你就是小熊啊？"我说："是啊，我就是熊召政。"他就把我带到大队部里面，喝了一碗凉茶，然后从包里拿出发表我长诗的那份《长江文艺》，问我："这首诗是你写的？"我说："是的。"他说："我怎么觉得这首诗好像不是你写的。这里面写到了很多地方，你年纪轻轻又没去过，怎么写得出来呢？你是抄的吧？"我说："你若不信是我写的，我现在就背一遍你听听。"说着我就站起来，从头到尾把这首诗背了一遍。我记得其中有一句："祖国啊，我是你大手大脚的儿子，我将用我坚强的臂膀承担你给我的责任。"我二十岁的时候就觉得应该为这个国家，为民族承担责任。但是我那天晚上写这首诗的时候，并不知道为国家承担责任是怎么样一回事。十年、二十年以后我真正有勇气为国家承担责任的时候，才知道这句话的分量。

当我把这首诗背完以后，那位领导站起来拍拍我的肩膀说："小熊啊，你这首诗在我们湖北文艺界等于放了一颗原子弹啊！"这句话是夸我，我听了当然很高兴。我回答说："这首诗发表以后，我收到来自全国的八百多封信。"用今天的话说，他们都是文学"粉丝"。我最早的"粉丝"现在都已年过半百了。这时候，距离人家嘲笑我是熊诗人的时候，已经过去了十年。不久，武汉大学招生，因为种种原因，我那一年没有跨进武大的门槛。不过，我还是结束了五年的农民生活，而被调入了县文化馆，当一名创作辅导干部。为什么叫创作辅导呢？就是辅导全县的业余作者学习写作。

就这样到了1979的夏天，有一天我去大别山脚下的一个山村，拜访一位乡村中学老师。走在陡峭的山路上，忽然迎面来了一位不到四十岁的农妇。我和那位乡村老师上山，农妇下山。我无意间抬头看了农妇一眼，她也看了我一眼。记得那是8月下旬，天气还非常热，可是那位农妇的眼神却非常冷，冷得让人心里发寒。农妇走过去以后，我回过头去看着她的背影走远，自言自语地说了一句："她的眼神怎么这么冷？"那位姓王的中学老师说："她是我们村的，她这又是去告状了！"我问："她告什么状呢？"他说："她的丈夫被大队民兵连的连长打死了，有冤申不了。"我说："怎么回事呢？为什么申不了呢？"王老师详细讲述了整件事情。

三年前的一个冬天，她的丈夫在修水库的工地上，一个多月没有回家了。有一天，他请了一天假回家拿咸菜。回家后，他看到家里什么都没有，连柴都没有一根。老婆带着两个孩子，日子过得很艰难。他于是上山帮他们砍柴，又把家里收拾了一下，结果就晚了一天回到工地。按道理说，这不应该有什么大问题。可是在那个"以阶级斗争为纲"的年代，这却是一个非常大的事件。县里集中数万民工修水库，由于太苦太累，民工逃跑的事件天天都有发生。为制止这类事件，各个大队经常会抓一些典型来批斗。这叫"杀鸡给猴看"。因此，这位民工一回到工地，立刻被民兵连长关起来，并组织批斗。这位民工觉得心里很憋屈，一个月没有回家，家里连烧的柴都没有了，我只是去砍了一些柴，并不是偷懒，怎么就成了破坏"抓革命、促生产"的阶级敌人了呢？他想不通，就在批斗会上，和民兵连长争辩了几句。民兵连长就说："你还狡辩，你这就是反革命！"说着就把他吊起来打。打着打着没有声音了，放下来时已经断气了。人虽然死了，可民兵连长一点都不恐慌，他反咬一口，说这位民兵"抗拒批斗，畏罪自杀"，通知他家里来把尸首拉回去。这个悲剧发生在1976年的冬天，"四人帮"刚刚被粉碎，但拨乱反正还没有开始。中国大地上，极左势力仍肆虐横行。那位农妇在当时可以说是叫天天不应，叫地地不灵。两年后，党中央开始对"文化大革命"中的极左潮流进行清算。农妇看到了希望，便开始为死去的丈夫申冤。但是，她从公社告到区里，又从区里告到县里，三级政府都没有一个人搭理她。她后来又给地区、省里领导写信。她花五分钱买一张白纸，回到家裁成A4纸那么大，一张白纸可裁十六张；然后她让上小学一年级的孩子歪歪扭扭地写上冤情；再用一个鸡蛋换了邮票，寄到县里、省里。可是这些信又一封封被打回乡里，乡里又打回大队。大队干部都幸灾乐祸地说："看，信又回来了吧，你再告，就把你一家人的口粮都停下。"不管大队干部怎么威胁，农妇仍锲而不舍三年如一日为丈夫鸣冤。

这位农妇不到四十岁，可是却像一个老太婆，头发枯槁，眼神呆滞。那天，我心情本来很好，但就是那位农妇的眼神把我带进了严寒的冬季。走在山路上，我一句话都没有。我觉得好像是我对这个农妇犯了罪，我对王老师说："今天晚上，你带我到她家去。"晚上我们去了两次，那个农妇都还没有回来。从那个地方到区委会有二十五里山路，她在区委会坐到天色黑尽，没有一个人理她，她连一口水都没有喝，又走回来。见到她时已经是深夜了，王老师喊住她，说："这是县里来的同志，他特意来看你的。"那时天太黑了，我看不清她的样子，只看得到她的一个轮廓，只觉得她的嘴角轻轻抿了一下。我想那是给我的一个微笑，但那肯定是一个非常悲惨的微笑。我们到她家里，里面没有灯，虽然有用墨水瓶做的煤油灯，但没有钱买煤油。她点了一片松明。借着这微弱的光亮，我看清了她。她静静地把她的冤情跟我讲了一遍。我们离开她回到老师家里的时候，我说："王老师，今天要浪费您一点煤油，我想写诗。"他说："你不睡觉？"我说："不睡，我要写诗！"就这样，我写出了平生最令我激动的一首长诗，就是获奖的那一首《请举起森林一般的手，制止！》。在那偏僻的山村，我彻夜未眠，到天麻麻亮的时候写完了。两百多行诗几乎是一挥而就。早晨在老师家吃完早饭，我也是用他家五分钱一张的纸裁成现在十六开那样大，把诗抄了一遍。然后，下山到了农妇去告状的那个镇上，贴了八分钱的邮票，把它投给了《长江文艺》。

二

这首诗到了《长江文艺》编辑部之后。在编辑部主任欣秋同志和诗歌编辑刘益善同志的推荐下，被送到了当时省文联党组书记骆文同志的手上。看过诗稿的人都觉得这首诗很好，但又觉得过于厉害。我记得诗的开头是这样写的：

假如是花神

　　欺骗了大地，

我相信，

　　花卉就会从此绝种，

　　青松就会烂成齑粉！

假如是革命，

欺骗了人民，

我相信，

共和国大厦就会倒塌，

烈士纪念碑就会蒙尘。


昨日的苏区

——火坑！

春雨浇不灭鬼火淫淫；

今日的苏区

——冰坑！

骄阳穿不透千丈坚冰。


　　写这首诗的时候，我没有感觉到它有多么厉害。但是二十多年以后我重新来读它的时候，才感觉到这诗就像地心的岩浆一样喷发而来。骆文同志看到诗稿之后，让欣秋同志通知我到武汉。骆文详细听了我的这首诗的创作经过后，立即表态说："这是一首好诗，我们立即发表，但你也要有心理准备，反对派会来批判你。"就这样，这首诗于1980年元月号头条发表，占了整整四个版面。发表以后，《人民日报》、《新华文摘》、中央人民广播电台等全国有影响的报刊电台几乎都发表或播送了这首诗，而且又很快翻译成英文、法文等传播海外。我的这一首诗总共就两百三十多行，可评论却有二十多万字。许多我很敬仰的评论家、作家都写了支持文章。当时的省委书记陈丕显亲自接见了我，他说："我们很欣赏你的勇气。"当然，批判我的也不少，也是很强大的势力。陈丕显书记就指示骆文，让他把我从县里调到省里来，创造更好的写作和学习的条件，要我更加努力地写作。就这样，我因祸得福，二十七岁就得了全国首届新诗奖，也当上了专业作家。

三

记得1981年的初夏，我坐在前往北京领奖的火车上，那时候的火车开得很慢，武汉到北京要十八个小时。不像现在，十个小时就够了。夜深了，车厢里的人都睡觉了，我却毫无睡意。我一直静静地坐到天亮，看到窗外一片葱绿的原野，心情非常激动。我在车上写了一首诗《乡村之歌》，后来也在《长江文艺》发表。在这首诗里，我感到我和百废待兴的祖国融为一体。我突然感到我选择的文学道路升华到我整个的生命，我的选择没有错。同时，我也感觉到我的作家的责任从过去的茫然到现在的自觉，这个过程的完成，是时代所赐。

以上所讲的我的文学经历，是想让同学们了解，我是怎么成为一名作家的。现在，我要讲的第二部分是"文学的土壤"。古话说，一方水土养一方人。一方水土也养一方作家。像岭南作家秦牧、陈残云等等，整个岭南的风物在他们的笔下显得非常迷人，非常可爱。我最早喜欢岭南这片土地，就是通过这些作家的作品。再往前推一点，清代的屈大均写的岭南风物，让我们知道了更多的古典南粤。所以，作家的成就往往会取决于他所占据的文学的土壤。换句话说，什么样的土壤培育什么样的作家。

世界上的古老国家几乎都是文学的国度：印度、中国、俄罗斯、法国、英国，还有波兰。在这样一些历史深厚的国家里，我们会看到一些文学大师们的身影，他们塑造了大国的文化风范。如果文学艺术缺失，这样的大国就是不健全的大国。泱泱大国的民情风俗必定是培植文学大师的沃土。俄罗斯之所以有托尔斯泰，法国之所以有雨果，是那里整个土地上的营养所培育，无论是它的阳光，还是它的雨露，或是它的民族物质、民族精神，都可以成为作家成长的土壤。中国历来是文学大国，我们的四书五经，有一经是《诗经》，这是文学最早的选本。它让我们理解了这一片土地，理解了这片土地上人民的感情。所以孔夫子说："小子何莫学夫《诗》？《诗》，可以兴，可以观，可以群，可以怨。"兴、观、群、怨，孔子把整个文学认知的功能阐述得非常清楚了。历史上那些文学大家：屈原、李白、杜甫、苏东坡、陆游、辛弃疾、罗贯中、曹雪芹……因为他们，中国的大地上多了很多人文的风景。我们浏览杭州，在西湖上，不但可以看到白居易修筑的白堤，还可以看到苏东坡倡议修筑的苏堤。在四川，因为陈子昂的《登幽州台歌》，多少游人，至今还要专程去看这座幽州台。在江西赣州，因为辛弃疾的一首诗，郁孤山声名鹊起，千年不衰。这样的例子太多太多，不用我一一细举。

我们古代的作家，几乎都是社会的公众人物。他们的喜怒哀乐，他们的行为举止，都能极大地引起社会的关注。中国历代的人民，都喜欢作家。在我们国家里，文学作为民族的基因而存在。今天，我们社会上虽然铜臭味多一点，但是我认为，这种轻文重利的现象最终会改变。因为在我们中国，文学的沃土真是太丰厚了。这是我们作家值得骄傲的一方土地。除了骄傲，我们的作家还要理解这片土地，要积聚旁人所不能积聚的苦难、坎坷，以及由此而生发的思考与忧患。试想一下，曹雪芹如果没有从幸福的顶峰跌到地狱这样一种经历，他怎么写得出《红楼梦》来？被迫在清朝当贰臣的吴梅村以及入清之后装疯卖傻的八大山人，如果没有经历家国俱毁的哀恸，又怎么可能创作出令人心酸的诗画来？这样的例子太多了。我曾经到过浙江的天台山，那里的国清寺中有一个寒山的塑像。寒山生活在唐代的末年，他先是科举屡试不中，后又经历战乱，没有办法，他在陕西老家混不下去，只有当和尚才有饭吃。当他走上了一条离家的"不归路"，跑到天台山，在天台山上与风霜雨雪为伴，在庙里终日与鸟语花香为伍。他住在山洞里面，在树皮上写诗，成为中国最伟大的诗僧。今天苏州的寒山寺，也有寒山的塑像。他生存的方式，用我们俗世的观点来看，没有一天快乐。可是在寒山看来，我们世人没有一天是快乐的，他觉得自己很快乐。他的生活给他很多启示。当他用自己的方式、自己的语言表述的时候，你就感到特别动人。

我与同学们讲文学，什么是文学呢？人人心中皆有，人人笔下皆无，这样一种境界这样一种感受，便是很好的。经历过从南宋到元朝的作家，是把整个人世的风霜化为灿烂的文章。这一时期的作家，整个文学境界只有一个字：苦！所以说，每一时期的作家都有着特定的文学的印记。郭沫若老先生到了杜甫草堂，为杜甫写下了一副对联，可以说明文学与人生的关系："世上疮痍，诗中圣哲；民间疾苦，笔底波澜。"中国自《诗经》以来的整个文学，都可以为郭老这副对联下一个注脚，但是这只是文学的一部分。诗还可以分为"风、雅、颂"三种："风"就是我刚才说的风俗、民情、民间的声音；"雅"是士大夫心灵的歌唱；"颂"是帝王创造历史的赞歌。"雅"的这一部分起自老庄的哲学。中国文化精致发展，文学也是灿烂辉煌。不管是民间的疾苦还是帝王的奢侈，在作家那里，都可以掀起笔底的波澜。南唐的李后主，当了赵宋的俘虏，写下"最是仓皇辞庙日，两行清泪对宫娥"这十四个字，可谓道尽了人间的辛酸和富贵。一个国家被他玩完了，换回这么精辟的两句诗。所以说，雅到极致的地方，让我们看到了历史的痛苦，也看到了民族的心酸。由此可见，不但"风"，就是"雅"，也让人看到了人世的沧桑。"颂"就是歌颂历代帝王。说老实话，这一类的作品好的不多。一本《古文观止》，"颂"的地方非常少。今天，我倒是愿意写赞颂的文章了，赞颂谁呢？我有一个标准，凡是有功于社稷、造福于人民的这样一些精英，不管是历史中的，还是现实中的，都可以成为我们讴歌的圣贤或者英雄。当今之世，中国的文学不是提倡主旋律嘛，我觉得讴歌上述这样一种英雄，就是我们的主旋律。写这样的主旋律，便是作家的责任。

2006年4月21日

在暨南大学的演讲

# 史实精神与当代意识

我今天的演讲题目是《史实精神与当代意识》，我想对大家说的第一句话是：一个历史小说家首先必须是一个历史学者。

2001年我参加中国作家代表团访问印度的时候，遇到一件很小的事，但当时对我有很大的启发，引起我的思考。印度的朋友们招待我们看印度的历史题材电影《阿育王》，我们几位中国作家对其表示了极高的赞赏。第二天和印度的作家以及学者同行们说到这件事的时候，他们表现得和我们完全不一样。他说这是给你们外国人看的，这不是我们真正的阿育王，这是美国好莱坞电影的表现模式，为迎合美国观众的口味而篡改了历史。由此可以看到，懂不懂这一段历史成为我们欣赏这部电影的分界线。

因为这件事，我就想到一个作家的责任。我们这个民族和国家的历史应该用一种什么样的文学观与历史观进行准确的表现。要让自己的历史文学作品能够真正地反映自己的民族的精神特质，这就要求一个历史小说家首先是历史学者。当这个观点确立之后，第二个问题便出现了：我们应该当一个什么样的历史学者呢？我认为有三点必须做到：第一是史实，第二是史鉴，第三是史胆。

历史知识这是最起码的，叫史实。所以一个作家选取某一段历史来作为自己描写对象的时候，他一定要认真地研究这一段历史，包括它的人物、它的文化、它的风土人情、它的典章制度。事无巨细，所有的问题都要进行认真的研究。这个过程比写作的过程要难得多。所以我研究张居正的历史，整整花了五年的时间，做了大量的笔记，走了很多地方。

我讲一个例子，万历一条鞭法的启动首先是丈量田亩，当时丈量田亩的原始文件的格式是什么样的呢？我查阅大量的资料，发现陕西历史博物馆里面有一份当时的地契。我为了这一份原件，专程赶到西安去拍摄研究这一份田契。

我的《张居正》的第二卷一开头写到北京的白云观，我把白云观的历史资料全部都看了。但仅凭资料写作是不够的，还得实地踏勘。于是我早上坐火车到北京，一出火车站，叫了一辆的士直奔白云观。我按图索骥，拿着明代的、元代的白云观的图来看今天的白云观，哪些地方改了，哪些地方错了。我看了很多，然后一一校正，一一做笔记，晚上又坐火车回到武汉。之前白云观这一章，我开了七八次头，都没有开好。为什么呢？我是仅凭史料在写，等我去过现场以后，写起来就非常顺了。大家如果有时间，可以看看《张居正》第二卷，第一节写的白云观就比较活灵活现地展现了明代白云观的风貌。类似于这样的一些事情，你要很仔细地去考证它。这种考证的工作，一般的作家他可能不屑于去做。那么在还原历史真实的时候，就显得底气不足。关于典章制度、建制这样的一些考证工作，还容易一点，最难的是对时代心理、文化特质的把握，这个非常困难。

我在书里面写到了一个人物叫玉娘。这个小姑娘当时十七岁，被一位江湖大侠精心培养后，送给了张居正的前任首辅高拱。今天大家可能会说这多么腐败，身居高位还如此玩弄女性，这不是高尚的情操。这样一种文化心态恰恰是今天的，而不是明代的。明代最好的朋友给你送这种姑娘去，是有一个前提的。高拱那一年六十岁，河南新郑人，他娶过两个老婆，都没有给他生儿子，他只有两个姑娘。在明代忠孝思想非常浓厚的情况之下，孝是最大的内容之一，而传宗接代是孝的核心思想，就是你必须有儿子承继你这个家族的香火。不孝有三，无后为大嘛。这样一来，他的朋友们就要去给他置办小妾，为的是传宗接代生儿子。由此来说，小说表现的是明代的价值观。明代的文化观念和今天的是不一样的。在明代，不会把男女作风问题作为攻击别人的一种手段和理由，这就是文化的真实。

典章制度的真实、风土人情的真实还比较容易做到，文化上的真实是很难做到的。一个是形而下的，一个是形而上的。我们研究精神文化遗产，也就是非物质文化遗产，文化就属于非物质的这一部分，是一种精神上的状态。这就是我说的第一个问题，史实。

第二个问题史鉴，就是以史为鉴。我认为任何一个历史小说家，都不会无缘无故地选取一段历史、一个人物去写，他一定有自己的创作动机，他要为当下的生活提供一个思考的空间。历史小说家的情怀就在于他深切地关注当下，通过历史的某一段生活的再现，给今天的人打开一个新的思想的空间。其对历史某一段特别事件的批判、分析，对某一个人物的赞扬或者批评，一定是带有浓厚的主观思想的。

大家都知道，吴晗先生写的《海瑞罢官》，曾经引发了中国的一个很大的政治事件。对海瑞的定位是吴晗先生的主观意识：清官好，清官就是不腐败。在研究这段历史的时候，我特别关注到海瑞这个人物。结果我得出来的结论和吴晗先生不完全一致。为什么呢？海瑞是一个清官，这是可以肯定的，但海瑞不是一个好官。张居正上台的头三个月，曾经借皇帝的手发了一道诏令，就是命令全国副省级以上的，就是我说的三品以上的高级官员向朝廷推荐一至三名可以擢用的人才。当所有推荐人才的表在吏部汇总的时候，得票最多的是海瑞。这时候海瑞已经是第二次被罢官了。第一次是嘉靖皇帝罢他的官，第二次是隆庆皇帝罢了他的官。现在到了嘉靖皇帝的孙子万历皇帝上任，又有这么多人推举他。吏部尚书杨博跑来找张居正商量，问海瑞这个事情怎么办。

张居正说了一段话，这段话就是属于史鉴的内容。张居正说，我不打算用他。张居正认为，清廉、清正是好官的内容之一，但不是全部。张居正的观点是，好官必须让老百姓得到实惠，让朝廷放心。他说海瑞在执掌一方大权的时候，地方财税急剧降低，他是真正的理想型的劫富济贫，而不是从生产力上发展。这样一来，在他管理南直隶的时候，富人都纷纷把户口转到隔壁的松江，为什么呢？怕他。他太理想主义。张居正说我现在如果重用他，势必要让他当封疆大吏，这样一方百姓的幸福指数恐怕就会降低，而国家的财税恐怕就会流失。如果安排他一个闲职，别人又会骂我张居正不重用清官，如此之下，我倒是觉得干脆让他在家待着保住他的清名。

我在我的小说里面对这样一件事情做出了我自己的评判与分析。没有附和吴晗先生的观点。我的观念来自我对这段历史的研究。看了不少与海瑞、张居正同时的一些名人的笔记文章，最有力的一个证据来自李贽。他是晚明的思想家，他跟海瑞、张居正是同代人。李贽对这两个人的评价是：张居正是千古宰相，国家栋梁；海瑞是万年青草。青草是非常好看的，也是非常圣洁的，但绝对当不了栋梁。李贽作为一个狂人，当时就有这种评价，可以说是很有见地的。应该说，《海瑞罢官》这部戏剧影响很大，我并不是有意和吴晗先生唱反调，而是凭借自己独立的评判和思考得出不同的结论，这就是史鉴。

第三个史胆，一个作家对某一个人物做出自己的判断，不从流俗，不阿附权贵，这就是史胆。当时我在写《张居正》的时候，我觉得我提炼了一个观点，就是循吏和清流。清流就是坐而论道，你让他具体去干任何一件事，他办不成，但说起来头头是道。循吏是什么人呢？就是小平同志说的，不管白猫黑猫，逮住老鼠就是好猫。他可能在有些问题上，首先不做道德上的判断，而是想着该怎么做成。我知道按照当今的一些标准，这一个观点，它可能同一些流行的哲学家、文化人的观念有冲突。但是从历史上看，清流误国的事不少，北宋的王安石改革之所以失败，就因为他过于清流，缺乏政治家的变通。

我们不要住在某一个观念里面，佛家的说法叫"勿执"。比如说我要保持我的崇高，一个人一味地崇高，做好人可以，做政治家不行，做企业家也不行，做文学家也不行。做好人，一辈子做好人，绝对成就不了伟大的事业。那么我在写清流与循吏的时候，最大的冲突发生在万历五年（1577），就是夺情事件。按明朝规定，父母双亲去世，官员一律都要免职，回家守孝三年。如果不回家，皇帝留他继续做官，这就叫夺情。张居正的父亲去世，万历皇帝不让他回家守孝，要留他在朝廷里面继续从政，执掌朝纲。此时的万历新政初见成效，张居正若离开，必然会人亡政息，所以权衡之下，张居正也愿意留下。试想一下，改革正在攻坚阶段，怎能撂挑子回家去蹲茅棚三年？万历皇帝不敢冒这个风险，张居正自己也不肯冒这个风险。

但是，当时朝廷中的清流官员对张居正的夺情不给予支持，而是借此大加挞伐，指责张居正贪恋禄位，不肯守孝。一时间，朝廷内外豪强外戚与清流官员结为联盟，形成声势浩大的驱张运动。在这种局势下，张居正断然使出霹雳手段，把反对他的清流，全部施以重刑或流放。改革是要付出代价的，这个代价牵扯到人的时候，某一个人可能就是悲剧。但是不能因为一个人的悲剧，而阻碍我们整个改革的事业。万历五年（1577）到万历八年（1560）这三年，张居正如果回去守孝，改革肯定就失败了。恰恰就是在这三年，改革取得了辉煌的成就，奠定了万历时期的吏治与财政的基础。

我自己是个知识分子，也是清流，我并没有把我个人的爱好、个人的感情带到历史小说中。我通过冷静的分析，认为清流的坐而论道是没有办法推进改革的。所以这是我说的第一个问题，历史小说家首先应该是历史学者。

再说历史小说题材的选择。《张居正》获奖的时候，有记者问我，你为什么要选择张居正？刚才王鲁湘先生也这样问我。我说我永远要选取历史上积极的健康的一面，来重塑我们这个民族的精神。任何一个作家都有他自己信奉的历史观，任何一个国家的历史都有它辉煌的一面、阴暗的一面、健康的一面、晦涩的一面。一个负责任的作家，绝不会恶意地把我们民族过去的那些脓疮挑出来给读者看，而是会选择我们这个民族当中一些闪亮的记忆展示给读者。我们可以写黑暗，但展览脓疮无疑是病态的表现。这是一个作家对自己民族的感情问题、立场问题。这是我写历史小说的第一个基本点。

第二个就是不能戏说历史，更不能将历史人物脸谱化、漫画化。由此我想到前几年的历史题材的影视剧，帝王将相泛滥，可是多半是漫画化的、脸谱化的。我认为产生这个的原因，第一是这个作家的创作心态，他还不是很成熟。第二是这个作家对他所写的这段历史缺乏敬畏感。历史小说家首先要对历史有敬畏，你不要说人都死了，已经过去几百年了，你就可以为所欲为。我是到四十五岁以后才知道手中笔的轻重和分寸。

对历史人物的褒贬一定要有历史根据，而不是你个人情感的宣泄。历史小说的真实问题，千百年来都在争论。历史小说的真实也没有一个客观的、大家可以遵照执行的标准，全在于一个作家自己的把握。

在座的都知道，《三国演义》是中国历史小说的典范，但你要是完全按历史真实去衡量它，你会找到很多硬伤。火烧博望坡那一章场景是深山密林，像太行山一样的，其实真实的博望坡是一马平川的平原。罗贯中先生显然没有到过博望坡。还有长坂坡大战，华容古道里面的描写与真实的地理情况完全不一样。这是因为古代交通不发达，不能像我们今天这样朝发夕至到任何地方，他们只能凭空想象。但是，为什么大家还是认为《三国演义》比较好看和真实呢？就是对于表面上的这种真实，罗贯中有硬伤，但是在整个明代给他提炼的世界观、历史观上，他是准确的。

明代是以忠孝立国，朱元璋从元代接过政权以后，他讲究政权的合法性，他要证明自己是正统。《三国演义》正是从忠孝出发，以正统为纲，正面歌颂了刘玄德。这是根据明代当时的文化形态而定下的这样一个主题。第二个，忠孝立国是明代贯彻始终的一项基本国策，因此要塑造诸葛亮、关羽的文忠与武忠。这是明代提供的世界观，也是明代的主旋律。没有一个作家可以无视自己所处时代的精神，而去写一个完全不沾边的历史小说。当下的情况是，凡是写主旋律的作品，就难免脸谱化、扁平化。这又违反了文学与历史双重审美的标准。一个作家既要看到当下的时代精神，又要看到你描写对象的文化质感。

第三个问题就是，应该从历史宝库中开掘时代精神，为读者提供思考的空间，但不能借古讽今，做不负责任的比附与调侃。什么叫时代精神？我再举一个例子，《西游记》产生于明代的嘉靖年间，嘉靖皇帝是明代所有皇帝中最信道教的一个皇帝，他大规模地拆毁寺庙，命令僧尼还俗。当时吴承恩在蕲王府当书记，就是给蕲王当秘书，没有多少事干。而那个时候的鄂东黄冈，也就是我老家，是为中国道教提供精神和技术支持的一个重地。最受嘉靖皇帝信任的妖道陶仲文，就是黄冈人。这个妖道最后当了礼部尚书这么大的官。吴承恩住在蕲春，受到了当时这样一个时代的感染，写出了《西游记》。

《西游记》的主题跟我们今天文艺批评家们给予的主题思想是

不一样的。它是什么意思呢？到西天取经的是一个智商很低的人，带了一只猴子、一头猪、一个被贬的天神、一匹马，这就是唐僧、孙悟空、猪八戒、沙和尚、白龙马几个主要艺术形象。让这一群人去取经，其意是人不信佛，畜生才信佛。这是谩骂佛教的。吴承恩迎合了嘉靖皇帝的思想，他找了一个故事，把帝王的思想装进去，这是典型的主旋律作品。但因为吴承恩的文学修养非常高，他让这么一部主旋律作品成了四大名著之一。所以我们现在不要一味地说写主旋律不好，关键在于你的文学修养、你的史学修养到了什么地步，你怎么理解和处理你要写的人和事。

我有一次接受一个记者的采访，他说："熊先生，你是一个诗人，你怎么会改行写历史小说呢？"我调侃地回答他："因为我是诗人，所以我喜欢诗，因为我从小喜欢历史，把诗和历史结合起来，就叫史诗，我愿意写史诗性的作品，尽管达不到，但我不能不追求。"虽然是玩笑话，却也是我的内心话。

谢谢大家认真聆听我的演讲。

### 附：与王鲁湘的对话、回答听众提问

王鲁湘：谢谢熊先生充满睿智同时也是充满激情的演讲。刚才我特别注意到熊先生说，他在读历史的时候，提炼出两个概念，其实也不是提炼，是抓到两个概念，一个是循吏，一个是清流。在过

去，我们中国一直是道德立国的这样一种文化，这种文化很自然地让我们对很多问题的评价，从道德出发。我们读历史的时候也常常是这样，如果以这样一种观点来看历史，那么历史上所有的清流，当然都会放在正传里头，对不对？但是我们会发现，历史也好，过去与现实的政治也好，生活也好，其实大部分是由循吏在主导的。所以给循吏一个什么样的历史评价，同时我们怎么正确地认识清流，也成为我们新时期以来，写历史小说的，甚至是所有的小说家都不能回避的一个问题。

熊召政：简单地说，循吏就是干事的。小平同志说，不管白猫黑猫，抓住老鼠就是好猫。这不是从道德出发，这是从事功出发的。但是你真的这样去做，往往又得不到好的评价。我就想到永乐皇帝朱棣，这个人很粗暴，但是他提了一个观点，在一个领导班子里面，要小人和君子并用，这是政治，用今天话叫政治生态问题。小人永远是君子的天敌，用小人来监督君子，比中纪委还管用。

王鲁湘：郑板桥经常画的一个题材就是竹子下面有一些荆棘，竹子是君子，荆棘是小人。君子和小人要在一起，才是一个良好的生态。

熊召政：君子与小人，是人与虫子的关系。虫子总想逮住机会咬你一口，让你晚上睡不着觉，你要避免被虫子咬，这就是你的智慧。虫子怎么能咬到你，这是它的智慧。当所有的智慧都在一起较量的时候，这就是人类，这也就是官场。

王鲁湘：写历史小说最难避免的就是当下我们自己的主观立场。这个主观立场不仅有当下的时代的立场，还有当下的个人的立场。个人的立场又受到你自己当下的社会地位、当下的遭遇、各种各样的人生阅历的影响。因此很难对历史保持一种平和的、敬畏的甚至宽容的心境。所以我们中国的很多的历史小说，大部分都走了借古讽今这一条路子。可是您认为，一个历史小说家必须摒弃这样一种酸态，客观地、充满敬畏和宽容地还原一个历史的语境，然后以古鉴今。我挑出历史中的这一大段来，我肯定有我的主观选择，但是我并不在这中间做我的个人的小文章，是吧？

　　熊召政：你完全理解了我的这个心态，我就是这样做的。而且你说出的酸态这个词虽然尖刻一点，但是正是我刚才演讲中没有说出来的。酸是我们的一大敌人，酸是把自己看作世界的中心，以我为中心在画圆圈。历史一定要有它的客观的东西，不能偏激。我刚才说过，古人不能从棺材里面站起来反驳你，但是你的心里一定要觉得我无愧于他。

　　提问：您好，熊老师，我注意到刚才您在演讲中间提到了吴承恩的《西游记》，我想问一下，您对电影《大话西游》有什么评论？

　　熊召政：我没有看这部电影，但是我听说了。因为没有看，我就没有发言权。我还就《西游记》这部小说说几句题外话。一个作家没有办法超越这个时代，而且作家也不必要超越他所处的时代，所有试图超越时代的作家都是不存在的。你看托尔斯泰没有超越他生活的俄罗斯的那个时代，我们所有的作家，包括罗贯中、吴承恩都没有超越。今天一位作家在写《大话西游》这样一个题材的时候，时代给了他什么启示呢？我也不知道。但是，我对中国越来越迅猛的娱乐化社会的倾向形成，一直有比较大的担心。

提问：您好，熊先生，您在刚才的演讲中，说您的历史作品是要把历史，要把我们民族光辉、光鲜的一面展现给今天的人。您所提倡的，作为一个历史学者，作为一个历史小说家，要具有史实、史鉴、史胆。我是一名历史专业的学生，一个民族在特定阶段，它是有脓疮，有阵痛的，我想问一下，就您个人而言，您对于我们民族曾经有过的这些脓疮，甚至现在还没有消失的这种脓疮和这种阵痛，您是怎样用史实、史鉴、史胆的观点去看待它的呢？

熊召政：我说我把积极健康的那一面展现给读者，并不是说我的小说没有批判意识。在《张居正》里，我充分展现了万历时期官场的黑暗与腐败。关键是对这些丑恶的态度，你是用欣赏它的眼光，还是不负责任地把它和盘托出，让读者去消化它，像吞砒霜一样，还是你保持清醒的批判意识把它表现出来？历史上最黑暗的时候也有光亮，最光明的时候也有黑暗。作家一定要把这里面的分寸把握好。

提问：熊老师，您好，我是凤凰网的网友，想问您一个问题，我们知道您的小说《张居正》从问世以来，受到的批评很少，作为历史小说，很难得。但也有人认为，其中的历史观受到了儒家的影响，难得具有尤斯纳尔和卡尔维诺式的浑厚想象。您怎么看待这种评价？

熊召政：我并不否认我受儒家正统思想的影响，因为我偏好中国的传统文化，它们丰富了我的世界观。大丈夫达则兼济天下，穷则独善其身，仁者乐山，智者乐水，民为重，君为轻，所有这些思想在我脑子里成为思想的基石。对于世界上崭新的潮流以及活跃的思想，我也关注。如果能用一种最新的思想成果来处理我们中国原来已存在的古代历史，可能会有一种混合的效果。遗憾的是我不能做到。我在《张居正》中展现的思想是：儒者从来做帝师。这就是我的观点，我们历代的帝王师都是用儒家的学说去影响皇帝，让他走上一条治国的健康途径。用今天的眼光看，儒家思想的确有很多的不足和欠缺，但这个文化也的确是我们这个民族赖以生存、繁衍，一次一次在困境中借以重新崛起的精神资源。所以在经过反复思考之后，我还是决定用儒家思想写出这部书来。

王鲁湘：思古源于辅今，优秀的历史文学总是以自己特有的方式参与当下文化的重建，同时历史小说凝练出来的一些启示、一些智慧，往往更能够沉淀下来，更能够成为一种文化的元素来加以继承。我们期待更多的作家为读者奉献出更多的优秀的历史题材的作品。

2009年7月25日
在凤凰卫视《世纪大讲堂》的演讲

# 历史观与主旋律创作

## 一、从文学创作看国家气象

这些年我去许多地方做过讲座，对文化、历史、政治这样的命题讲得比较多，专门谈文学的比较少。今天为什么想和大家谈一谈文学创作的主旋律这个问题呢？起因是今年夏天我受中宣部的邀请，参加全国"五个一工程"奖图书类的评审工作。全国每个省市都送来参评的图书，主要是长篇小说与长篇报告文学。"五个一工程"奖与茅盾文学奖的评选标准有些不一样。简单地说，"五个一工程"奖更注重政治导向，通常地说，就是主旋律作品。我们的作家一提主旋律作品，都比较敏感，认为都是紧跟形势的应景之作，其宣传作用大于文学。什么是主旋律呢？一般人觉得歌颂我们的执政党、歌颂我们的祖国、歌颂革命传统、歌颂改革开放的，就是主旋律。但是我读了很多作品后，发现主旋律作品可以包括上述内容，但不应该仅限于此。纵观历史，古今中外，任何一个国家在不同时代都有自己的主旋律作品。概括起来，我给主旋律作品下了一个定义，即有利于民族团结、有利于时代进步、有利于国家发展的作品。用这三个有利于去衡量，则当下十之八九的优秀文学作品，都属于主旋律。

从历史发展的眼光来看，当下的文学生态是最好的，主要体现在作家的创作自由上。但存在的问题也不少：一方面大家对流行影视作品趋之若鹜；一方面认真读书的人越来越少，读纯文学作品的人则更少。中国有一个传统，就是通过文学作品来看国家的气象。如果说对于当下的文学，我们因为各种障碍，而不能做出正确的价值判断，那么我们可以从历史中寻找典型。

盛唐的时候，我们的大诗人李白从四川老家出发，仗剑游天下，到长安后，被皇帝召去当一个待诏，相当于专业作家。有一天，唐明皇与杨贵妃在华清池游乐，让李白去写诗。李白写了《清平调》三首。开头就说"云想衣裳花想容，春风拂槛露华浓"。既美艳，又锦绣。这首诗是歌颂太平盛世的，用现在的话说，这种应制诗就是主旋律作品。给皇帝唱颂歌，岂不是有阿附权贵的嫌疑？这么说，岂不是李白的人品有了问题？李白是不是歌颂错了呢？依我看，没歌颂错。他很准确地把握了盛唐这样一种浪漫而又锦绣的气象，以至于他的作品经久流传。比他稍晚的白居易，写了一首《长恨歌》，写的是唐明皇杨贵妃的爱情。按照今天的道德判断，他们的爱情是乱伦，按理说不值得歌颂。但是白居易在这首诗里面，写出了一个君王缠绵悱恻的爱情。用今天很多文人的观点来看，白居易写作的价值取向不足取，怎么能往一个乱伦的君王的脸上贴金呢？但是我们仍会被白居易高超的艺术感所吸引。无论是写杨贵妃的美艳"回眸一笑百媚生，六宫粉黛无颜色"，还是写他们如胶似漆的爱情"在天愿作比翼鸟，在地愿为连理枝"，还是写杨贵妃去世后唐明皇对她的怀念"迟迟钟鼓初长夜，耿耿星河欲曙天"，都生动传神，引人怀想。白居易这首诗的价值取向符合人类情感生活的基本追求，是典型的化腐朽为神奇，这是它脍炙人口的原因。同样是唐明皇与杨贵妃，李白写出了《清平调》，白居易写出了《长恨歌》。一般人有一种心态，凡是歌颂帝王的，都有趋炎附势之嫌。但是，历代的评论家与读者，都没有把这顶帽子戴到李白与白居易头上。这是因为，他们的作品不仅写出了帝王的富贵锦绣、凄婉爱情，也间接地反映了当时那个时代的锦绣富贵与纯真爱情，反映了唐代男欢女爱的明媚与生动。

再举第二个例子。北宋初年，整个朝野上下，无论是达官贵人还是村夫野老，他们心中都向往英雄，他们觉得英雄是个很高尚的追求。北宋从太宗到神宗，一百多年，文学作品的主题一直是英雄。苏东坡的《念奴娇·赤壁怀古》"大江东去，浪淘尽，千古风流人物"与毛泽东的《沁园春·雪》"惜秦皇汉武，略输文采；唐宗宋祖，稍逊风骚"如出一辙。苏东坡这首词，让我们听到了那个时代最强的文学的声音。

大家知道，北宋的版图是历代王朝中最小的。东北与西北，分别被辽和西夏所占有，国土分裂啊。这样我们的作家必然唱出"浪淘尽，千古风流人物"，必然要呼唤英雄，呼唤杨家将这样的英雄。苏东坡作为一个时代的文学代表，他没有直接描写战争，但是他知道国家的忧患，他将个人的思考建立在国家命运之上。苏东坡以后的时代，文学变成了什么样呢？公元1127年北宋灭亡。在此前几年，另外一首诗超过了苏东坡的《念奴娇·赤壁怀古》，而引起国人的争相传唱，那就是李清照的《声声慢》。整首诗充满了哀伤，充满了幽怨。通过这首诗，我们看到国家的气象走向了衰败。李清照没错，但时代选择她作为文学的代表就错了。那样柔弱与哀怨的声音，那样冷冷清清的浅斟低唱，怎么能代表国家呢？我们常说时代最强音，但我们听到的却是时代的最弱音。这种文学价值的转换，预示了国家的悲剧。当所有的英雄谢幕，小人就会登台。文人笔下没有英雄了，政治舞台上就会有很多小人，比如高俅、童贯与秦桧。英雄和小人是天生的矛盾体，文学作品往往能反映出政治的生态。一个作家离不开自己的时代。有的作家的声音是时代的声音，有的作家的声音是个人的声音。为时代发声的一定是主旋律作家。为自己发声的作家，也可以是一个优秀的作家、被世人称颂的作家。如李后主"梦里不知身是客，一晌贪欢""两行清泪对宫娥"等诗句，也是时代的写照，从富贵的极致走到屈辱的极致。但这一类作家不应成为某一时代文学的代表。因为一个生机勃勃的国家，感情一定不能太纤细，要健康明朗。

## 二、每一个时代都有自己的主旋律

最近上映的美国大片《2012》，里面有三个地方展现了美国的价值观。第一，美国总统面对自己的人民，他在灭顶之灾来临前选择留下。第二，在危亡的时候拯救人类和灾难的，一定是普通人，而这个普通人毫无疑问是救世的英雄。第三，美国现在的忧患，是整个人类的忧患，它已经超越了民族与国家这个层面，进入更高层次。这部影片虽然是一个娱乐片，但宣扬了美国精神。事实上，美国好莱坞大片一直在锲而不舍地宣传美国精神。我们的娱乐影视剧，像《还珠格格》，像最近上映的《三枪拍案惊奇》，宣扬的是什么呢？打情骂俏与帝王崇拜，庸俗与恶搞，这里头哪能看到一点中国精神？我们总是说作家体现社会的良知，那么良知在现在这些娱乐片中得到了体现吗？在商业化大潮与信仰危机的双重夹击下，我们的文学艺术，一方面热热闹闹，一方面冷冷清清。像前几年超女选拔，李宇春一夜成名。这件事让我联想起北宋灭亡前京城的局势。金兵入侵开封之后，北方的贵族大量南逃。有一个贵族逃到杭州后，很感慨地做了一个总结，其中有这么几句话："垂髫之童，但习鼓舞，斑白之老，不识干戈。"这是说当时的开封城里，少男少女都崇拜歌星，开封成了全世界最奢靡的嘉年华，徽宗就是总导演。宫廷养了那么多画家，待遇比将军还要高。民间的孩子都不愿意当兵，而愿意学习歌舞和艺术。几年以后，六万大金兵，从东北出发长驱直入突破黄河，开封没有组织什么抵抗就沦陷了。那么多出色的歌唱家、舞蹈家和画家，没有一个能把国家救下来，一夜之间都当了亡国奴。所以，当超女风靡天下的时候，我想到了北宋的悲剧。难道历史的悲剧还要重演吗？出一个李宇春这样的超女很正常，也值得鼓励，但由此而让千千万万的青少年去仿效，这就有点问题了。难道我们的文艺政策的制定者不晓得历史的教训吗？国家过早地进入娱乐社会，一定是不祥之兆。我们为什么不能多一点忧患？不要让那些过分娱乐的作品误导我们的青少年。所以说，我们要提倡文学艺术的主旋律，要多出一些激励人奋发向上、引导人保持忧患的好作品。如果失去了这种主旋律，时代就会走上邪道，一旦走上了邪道，国家的命运就会改变。

文学作品应该异彩纷呈、百花齐放，但不能让时代观、价值观出现偏差。这是文艺政策制定者的职责。我们的文艺政策的制定者，一定要有历史的宏阔的眼光。一个作家也应该有这个眼光，要自觉地承担起这个时代的文化建设的任务。我们当然不能用这个标准去要求所有的作家，但总还是应该有一些作家、艺术家来承担这个责任。

## 三、艺术的真实与时代精神之间的关系

文学作品中有一个现象值得研究，有的作品从艺术角度看，是真实的，但并没有正确地反映时代精神。有的作品时代精神是强烈的，但在艺术上却得不到生动的表现。所以，一个作家在写作时，必然要考虑艺术真实与时代精神两者之间的关系。

我访问印度时，看过一部电影《阿育王》。阿育王是一位统一了印度的非常有作为的君主，他当政的时间比秦统一中国还早一点点。阿育王统一印度之后，就皈依了佛教。这部电影就是围绕他的故事而创作拍摄的。电影画面很美，歌舞很美，故事很曲折，阿育王的爱情也很动人。王妃是一个酋长的女儿，很漂亮。他们由仇人变成情人。看过之后，我说我很喜欢，令人心荡神驰。可是一位印度作家却对我说："《阿育王》就是拍给你们外国人看的，我们对它是不满意的。它没有遵循历史，是按照好莱坞模式套的，王妃也不是这样卖弄风骚的。"这位作家的激烈态度令我吃惊，引起了我对历史题材文学作品的思考。我们的一些影视作品，外国人叫好，中国人却不买账，甚至是骂声一片。可是，为什么美国的大片，美国人说好，全世界的观众也很欣赏呢？同美国大片相比，我们过分强调生活的真实，而没有通过艺术的真实来宣扬普世的价值观。

普世的价值观有永恒的一面，也有与时俱进的一面。作家能够准确地把握其分寸就可以说是把握了时代精神。文学作品不可自恋，更不能偏执。什么作品有普世价值？艺术真实的落脚点在什么位置？这个没有公式，永远没有公式，只能是仁者见仁，智者见智。我在写作与阅读中悟出一些道理，一个作家的阅历与修养达不到某种高度，几乎不可能让自己的作品达到艺术真实与时代精神的统一。像《高老头》与《欧也妮·葛朗台》，巴尔扎克的写作动机很简单，就是写世界上最好的父亲和最坏的父亲，这是出版社给巴尔扎克出的命题作文。但巴尔扎克丰富的阅历与高超的创作才华，让这两个简单的命题得到了升华，让我们从中看到了他所处的时代的画卷。所以说，我们坚持主旋律写作，不是为具体的政策写作，为政治任务写作，而是为自己的时代写作，为忧患而写作。一个作家对文学不要有太多功利目的，好的作品都是坐在冷板凳上写出来的。作家最好的位置就是冷板凳。但心肠不能冷，心肠一冷，就会万念俱灰，就会与世浮沉，这样就不能将作品写得闪闪发光，写得很灿烂。

# 关于辛亥革命的几点思考

一

去年，因为想写一部反映辛亥革命的电影，从春节开始，我就阅读了大量辛亥革命相关史料以及研究这一段历史的著作。此前，对辛亥革命我只有一些感性的认识，直到去年接触了更多史料，学习了一些海内外学者的研究成果之后，我才产生了一些理性的思考。

记得读完了金冲及与胡绳武两位先生合著的《辛亥革命史稿》之后，我感慨良多，写了一首七绝：

> 万里哀歌岂奈何，乱云深处哭铜驼。
>
> 以身酬国书生事，一掷头颅涕泪多。

以身酬国，是中国知识分子的优良传统。从黄花岗烈士冢中那些长眠的忠骨，到蹈海而死的陈天华，引颈就义的徐锡麟、秋瑾等等，我们看到了他们身上存有的谭嗣同"我自横刀向天笑，去留肝胆两昆仑"的凛然正气。天下的书生都变成了慷慨赴死的英雄，这绝不是时代的进步，而是民族的灾难、国家的悲剧。

说到这里，我禁不住要问一句：究竟是谁把这些书生改造成英雄的呢？腐朽无能的清政府当然难辞其咎。但是，更大的罪人，制造中华民族历史上最黑暗一页的，应该还有一直觊觎中国的丰富资源并企图瓜分中国的西方列强。

## 二

众所周知，从清代中叶开始，欧洲资本主义进入全盛的发展时期，为了掠夺资源与开拓海外市场，以西班牙、葡萄牙与英国为代表的西方列强纷纷来到了中国。

西方列强对中国的侵略，最早可以追溯到16世纪的第一个十年。那时的中国，是明朝的第十一个皇帝正德皇帝统治的时期。正德皇帝是一个超级玩家，如果活到今天，他一定是娱乐界的宠儿，甚至可以去角逐奥斯卡的影帝。但是，作为一个泱泱大国的统治者，他显然是不合格的。在他统治的第十二年，即1517年，八艘带有武器的葡萄牙船进入珠江口，向岸上的明军要塞开炮示威。这是西方列强入侵中国的第一炮。但是，这一炮并没有引起正德皇帝的警惕。当葡萄牙的海盗在广东开炮的时候，正德皇帝正在山西大同。他以视察西北的军事为名到了那里，但他并没有认真地处理军事要务，而是命令手下到处搜刮民间的美女，带到他的行宫里寻欢作乐。

自从秦朝统一中国，特别是汉朝之后，中国历代的统治者大都把自己的注意力集中在西北和东北。这是因为，这两处众多少数民族诸如匈奴、回纥、东胡、鲜卑、契丹、女真等等，凭借他们的铁骑，屡屡给中原的政权造成极大的威胁。唐宋两代的边塞诗词，在灿烂的中国古代文学中独树一帜，如唐诗"愿将腰下剑，直为斩楼兰"，宋词"西北望，射天狼"，等等，都是描写朝廷官军在征服西北少数民族战争中的英雄情怀。

但是，16世纪以后，葡萄牙人与西班牙人的航海技术得到空前的发展，凭借坚船利炮，他们可以通过浩瀚的海洋到达世界上任何一个地方。此情之下，虽然马背上的民族仍然是一个威胁，但是，轮船上的海盗却显示出了更大的贪婪。中国当时的统治者们，并没有看到这一个形势的变化。他们所掌握的科技知识与其狭隘的世界视野，使他们丧失了处理这一危机的最佳时间。

马克思曾在《资本论》中引用专门研究基督教的学者威廉·豪伊特的话："所谓的基督教人种在世界各地对他们所能奴役的一切民族所采取的野蛮和残酷的暴行，是世界历史上任何时期、任何野蛮愚昧和残暴无耻的人种都无法比拟的。"1840年鸦片战争前后的中国历史，完全可以证明威廉·豪伊特的这个论断。

中国地大物博，既是资源的富集区也是巨大的消费市场，西方逐利的资本对这一片东方大陆怎能不垂涎三尺。开始，他们也试图以贸易的武器来占领中国的市场。但是，这一招并没有奏效。中国自给自足的经济，导致了巨大的贸易顺差。此后，以英国为主的西方列强发现了鸦片是足以保证他们赚取中国白银的最好的商品。诚如胡绳先生在《从鸦片战争到五四运动》一书中所指出的那样："中国这样一个人口众多的大国，如果吸毒成风，就会成为鸦片的广大市场。因此，不顾中国官方的禁令，非法地大规模地向中国推销鸦片成为英国商人追求高额利润，并改变对中国贸易逆差的重要手段。"

西方列强利用鸦片赚走了中国大量的白银，导致中国的经济状况迅速恶化。特别是鸦片战争以后，西方列强对中国的经济压榨与掠夺已到了肆无忌惮的地步。中国铁路、矿山、纺织等工业几乎全部被他们控制。英国人赫德更是掌握中国海关长达五十年之久。《马关条约》《天津条约》《尼布楚条约》等一批丧权辱国的条约相继制定，数额巨大的战争赔款使清朝财政陷入崩溃。有着五千年文化，曾经长期雄踞东方、睥睨天下的东方帝国竟沦落为西方列强的殖民地与半殖民地。这一悲剧，实乃秦始皇统一中国以来两千余年中华民族最大的耻辱与创痛。此情之下，辛亥革命的爆发绝不会让世人感到突兀。一百年后，我们重读陈天华的《猛回头》与《醒世钟》，仍能感受到当时革命志士的无以复加的愤怒。

## 三

说到这里，我不得不用崇敬的心情来记述伟大的民主革命的先行者孙中山先生说过的一段话。1897年，孙中山在英国伦敦《双周论坛》上发表了一篇题为《中国的现在和未来》的文章。其中有这样一段：

不完全打倒目前极其腐败的统治而建立一个贤良政府，由道地的中国人（一开始用欧洲人作顾问并在几年内取得欧洲人行政上的援助）来建立纯洁的政治，那么，实现任何改进就完全不可能的。仅仅只是铁路，或是任何这类欧洲物质文明的应用品的输入（就是这种输入如那些相信李鸿章的人所想象的那样可行的话），就会使得事情越来越坏。因为这就为勒索、诈骗、盗用公款开辟了新的方便的门路。当我引用过去这样腐败的具体事件作为例子，并根据我个人的知识和经验，为了揭发这种骇人听闻的、几乎难以置信的事情的本质，用一些也许会引起人厌倦的详情细节来写出中国大众和官场的生活的时候，才会明白革新党的言论，对于这种情况是丝毫没有夸张。

孙中山写这篇文章的初衷，是想让英国在他领导的革命组织与清政府之间，能够保持善意的中立。在同一篇文章中，孙中山还说道：

> 中国人民遭到四种巨大的长久的苦难：饥荒、水患、疫病、生命和财产的毫无保障。……其实，中国所有一切的灾难只有一个原因，那就是普遍的又是有系统的贪污。这种贪污是产生饥荒、水灾、疫病的主要原因，同时也是武装盗匪常年猖獗的主要原因。

通过以上两段话，我们理解遭受清政府通缉被迫流亡海外的孙中山，急欲向英国政府及朝野间的有智之士表明他革命的理由与立场。一个长期让人民饱受苦难的政府，除了推翻它，难道我们还有别的选择吗？

在孙中山流亡海外那段时间，西方列强的大量资本注入中国，在中国的土地上修建铁路、开采矿藏、兴办工厂，清政府已完全丧失了对中国经济的主导权。在孙中山看来，外国资本进入中国是解决中国资本短缺的最为有效的方法，但必须有一个前提，即中国的政府必须是一个让人民放心的政府，是一个有作为、有理想的政府。否则，大量引进的资金必将为这个政府的贪污提供更为广阔的空间。

作为民主革命的思想家，孙中山虽然有一厢情愿的地方，但他绝不会弱智，他心中清楚西方列强的资本进入中国，并不是出于博爱的基督精神来施以救济和援助，而是血淋淋的欺诈和侵略。在国外的演讲中，孙中山不止一次地称清政府是"帝国主义的代理人"。可见他知道，清政府与西方列强之所以互为依靠，其原因是：一个要靠对方坐稳江山，一个要靠对方牟取暴利。

但是，孙中山在他的流亡生涯中，确实得到过一些西方国家的保护甚至资助。出现这种情况，西方国家的民主制度与人权保障固然起到了重要作用，但更重要的是：以英美及日本为代表的列强，是把孙中山当作一张牌，用来与清政府讨价还价。培养与保护一个国家的反对力量，是他们在处理国际事务中惯用的伎俩。

应该说，在1911年10月10日武昌首义之前，孙中山对这一问题并没有完全认识清楚。但是，武昌首义之后，西方列强给孙中山上了一堂生动的国际关系课。

孙中山在美国丹佛听到武昌首义的消息后非常振奋，同时也想到一旦成立共和国，必然会面临外交及财政上的困难。因此他决定在回国之前，先游说欧美各国支持新生的中国政权。他分析与中国有深厚利益关系的国家有六个：美国、英国、法国、德国、俄国和日本。他认为只要这六个国家表态支持中国的革命党人，则推翻清政府、建立一个自由民主的共和国将指日可待。但是，从1911年10月14日到11月24日这四十天里，孙中山游走于美国、英国和法国，他渴望见到的政要大都避而不见。他拜访一个又一个财团希望获得贷款，以解决建国经费的燃眉之急，也一次次地遭到了拒绝。这些国家当初庇护了他，但现在抛弃了他。

1911年12月25日，孙中山结束了十六年的流亡生涯回到上海。当时国内外各种报刊盛传他带回了大笔款项甚至购买了军舰。面对记者的提问，孙中山冷峻地回答："我一文钱也没有，带回来的只有革命精神！"

## 四

在论述中国古代政治生活时，我们常常以"政统"与"道统"来对统治者与知识分子加以区分。政统的代表是皇帝，是行使国家权力的政要。"道统"的代表是知识分子。统治者注重的是政权的稳固，是国家与统治集团的利益。知识分子关注的是民族盛衰的规律与普世的价值。在一个成熟的国家里，政统是权力，是实力，道德是良心，是软实力。

我觉得，中国的政统与道统之分，显示了儒家的智慧。把这一公式套用于世界政治，也非常合用。辛亥革命前后，西方列强对中国的态度，让我们能明显看出政统与道统的背离。他们虽然是宪政国家，尊重和保护自由、民主这些普世的价值，但他们更看重国家的利益与财富的掠夺。这就是为什么孙中山作为一个政治流亡者能够得到他们的保护，但作为一个仿效他们建立新生政权的领袖却被他们拒绝的原因。

因为西方列强的欺凌压迫，因为清王朝的昏聩腐朽，像前面提到的徐锡麟、秋瑾、陈天华、黄兴等众多的本属于道统的知识分子，纷纷团结在孙中山的周围，成为一股旋转乾坤推翻帝制的巨大力量，而他们本人也都成了千古传颂的英雄。百年之后，反思这一段历史，除了对辛亥烈士们的缅怀与崇敬，我还想要说的一句话是：前事不忘，后事之师。西方列强留给我们的历史教训，永远不要忘记！

2011年3月9日

# 一方水土养一方人

一

今年5月，我应邀参加西安白鹿书院举办的中国首届"文人书画邀请展"。在上午的开幕式上，我说：千年前的古长安，是物华天宝之地；千年后的西安，依然是人杰地灵之乡。在三秦大地上，我们可以找到中华民族五千年文明史的发展轨迹。来到这片土地，一个人不可能不产生敬畏感。就说人杰吧，千年前长安城的曲江上，一拨一拨的游船载满了丽人、才子、显宦、将军，在这片土地上演绎他们的爱恨情仇。千年以后在古都，我们仍能领会到这片土地上的汉唐气象，以及流风余韵。文人生活在西安是幸福的，是三生所修啊！他可以享受浓厚的文化，沉浸于对历史的想象中。可是文人生活在深圳，就一点也不优雅了。这座新型的商业城市，所有的兴奋点都在财富的积累上了，它所有的节奏，都按财神爷的需求来确定。这种社会的进步虽然很好，但我们文人却不大喜欢过这种生活。在商业化程度很高的城市里，丧钟为谁而鸣，为文化而鸣，激情为谁而开，为商人而开。一方水土养一方人，有的地方的水土出商人，有的地方的水土就出文人。

你们西安《美文》的编辑，希望我就今年的高考作文提一点看法。去年的高考作文题我也做了点评。今年的题目，我看后发现了一个有趣的现象：北京是中国的首都，题目是谈文化；湖南的考题让同学们谈意气。为什么要谈意气呢？因为湖南出了一支曾国藩创立的湘军，出了一支毛泽东创立的红军。在一百多年的历史中，出现了多少英雄啊！毛泽东写诗明志"粪土当年万户侯"，在他眼中，所有的达官贵人都是粪土。这一种湘人的激情，促使他们的后代要谈意气。上海是最小资的城市，它出的题目是《我想握住你的手》，题目很温馨；浙江的题目是让考生们论工作与休闲的关系，这也很符合省情。浙江是盛产赚钱的拼命三郎的地方，这几年那里有不少企业家"过劳死"，出了这种问题，这才感觉到生命的意义。既要赚钱，又要讲究生命的质量。从这些作文题中，可以看出强烈的地域文化的思考与忧患。每个地方的追求和忧患都不同，这也论证了我的观点：一方水土养一方人。

文化的特点，是由风俗和风气两部分来展现的。托夫勒是美国著名的未来学家，他在《第三次浪潮》中说过一句话：风俗是自下而上，风气是自上而下。两者互相碰撞，影响我们的生活。我们说开风气之先的人，一定是文人，而不是政治家。我们说风俗淳厚，这一定是存在于民间的、有很深的传统意义的东西。风俗带有保守、稳定、和谐的气息，而风气带有开拓、创新、发展的意味。什么地方的人喜欢开风气之先呢，什么地方的人又特别地眷念土地、眷念过去的时光呢？这里起作用的是文化，这和每一个地方的人的思想和生活习性有很大关系。

去年，我们省的一位副省长跟我聊天，问到一句话："浙江、广东的经济发展这么快，而湖北的经济发展总是慢半拍，是什么原因？"我说："是文化的影响，你看江浙的哪一个县出过两百个将军？没有，温州盛产企业家，可是和将军无缘。我们湖北和江西、湖南的将军县却比比皆是，是什么原因呢？将军的事业是毁灭一个世界，企业家的事业是创造一个世界。那么，在一个地方出现了那么多毁灭世界的精英，又怎么可能出现那么多创造财富的精英呢？这是两种不同的文化。毁灭和创造是文化的两极，这文化两极的精英，各自承担着不同的历史责任。一到改朝换代，中原逐鹿，英雄崛起，历史就要重新洗牌了。那些长于毁灭旧世界的英雄，就在历史转折关头闪现出来。曾国藩、毛泽东，还有更早一些的，如苏北的刘邦、安徽的朱元璋等等，很多很多，都把他们生命的光辉闪现了出来。所以我说中原的文化是毁灭大于创造。你看梁山英雄谱一百零八条好汉中，没有谁是说吴侬软语的。江浙这个地方的人，追求的是安宁和创造。你不能简单地评判这两种文化的优劣，因为历史的发展，有盛世，也有衰落期，有和平年代，也有战乱时期。哪一个地域的人，在哪一个时空点上闪现其光芒，这是历史的机缘。只不过在今天，在实施伟大的民族复兴的战略过程中，在以经济建设为中心的改革浪潮中，国家更多的是需要建设性的人才。在我们湖北，恰恰这种人才比较少。连路边捡破烂的人，心中都装着'王侯将相宁有种乎'这种思想，所以湖北的经济发展不顺利，这是因为文化上有缺陷。"

副省长觉得我的话有道理，他又问："还有救吗？"我说：有救，这就要开风气之先了。作为领导者，要提倡尊重劳动，而不是尊重造反的风气。尊重劳动有很多文章可以做。劳动者的主体不再只是日出而作、日落而息的农民，更应该包括具有创造性思维的知识分子。我们的制度创新，就是要创造让这样一批知识分子能够发挥才能的土壤。一定要保护这些创新的人员，不给那些窝里斗的人、嫉妒别人才能的人任何机会。这不是一朝一夕就能做好的事情。但唯其艰难，我们更要做。法国人说，培养一个暴发户只需要一代人的时间，最短只要两三年，而培养一个贵族则需要三代人时间，因为那是一种脱胎换骨的改造。一个人要在很短的时间里脱胎换骨是不可能的。血液里面流淌的是"王侯将相宁有种乎"这种老子天下第一的思想，你怎么可能几年以后变得非常宽容、非常儒雅、非常有敬畏之心呢？文化的改造是漫长的，就像我们改造土壤一样。我刚从美国回来，在美国西部旅行的时候，我一次一次地想到了我们中国的西部。美国的西部片中，有不少骑在马上穿过沙漠的勇士，他们的皮囊里装着仅有的一点水，在与狼群的搏斗中写下开发西部的史诗。所以，我对美国西部的印象，与对中国西部的印象是一样的，那里绝对不是适于人类生存的地方。但是，当我亲临那片土地，我们的车行进在美国西部沙漠中的时候，我看到，裸露在表面的沙尘已经很少很少了，到处都是骆驼刺、芨芨草。更可喜的是，有的地方出现了灌木林。美国人改造西部，花了一个世纪，今天已卓见成效。中国人经常觉得自己非常有耐心，总是说"十年树木，百年树人"，十年能改造沙漠，那简直是异想天开。十年树木，在改造沙漠上依然是一个浮躁的口号。我们中国人说的百年树人没有错，百年就是把一个暴发户改造成贵族所需要的时间，但还不是把沙漠改造成绿洲的时间。所以十年树木这句话是错的。美国人改造沙漠将近一百年了，到现在还在继续努力，相信经过一个世纪，美国西部的沙漠将不复存在。同美国的东部一样，它将成为人间的锦绣之乡。文化的气候和土壤，与自然的气候和土壤是一样的。在沙漠那种不毛之地，更多地出盗马贼、强悍的人。在那里，你就会想到马致远的"古道西风瘦马，夕阳西下，断肠人在天涯"。可是你到江南，会看到温婉的女子像水做的一样。她们的吴侬软语，是江南那种草长莺飞的环境中产生出来的。因此，不少文人都怀念南京的秦淮旧梦。历史上，西北人一次一次立马中原，夺取天下。江南人在一次一次政权逐鹿中败北。主要原因，是他们的骨子里面没有英雄气质，所以在历史的改朝换代中，他们总是处于劣势。我非常喜欢杭州，也喜欢南京。但我知道，一个国家的首都是不能建立在那里的。从"南朝四百八十寺，多少楼台烟雨中"的南北朝开始，所有建立在南京、杭州的政权都是短命的。1126年，在大金国挥师南下的时候，北宋王室仓皇逃跑。他们逃到了杭州，喊出的口号是恢复中原。可是那种纸醉金迷的生活，那满街的红袖娇娃，逐渐消磨了他们的英雄气。到了江南之地，你就知道什么叫英雄气短，什么叫儿女情长。我们在盛世的时候，那种虚无缥缈的秦淮旧梦，仿佛就在眼前，这里面有温馨，有惬意，有令人非常难以释怀的东西，但这种东西是容易让人丧失斗志的。

## 二

在这里，我不想对毁灭和创造这两种文化进行优劣判断。但是可以说，在当今建设新时代的时候，毁灭性的文化必然会在我们的建设中、在积累财富的过程中处于劣势。

我到过很多地方。在巴黎，我看到几百年来所有的老房子都在。两百年前，雨果描写的巴黎圣母院还在，教堂和钟楼还在。但这并不妨碍巴黎成为一个新兴的城市，成为世界的"香水之都"。

走过香榭丽舍大道，在凯旋门的另一端，法国人建造了另一个现代化的巴黎。你可以在几百年的教堂里，以怀旧的心态去寻找以往巴黎的繁华和塞纳河的波光。一切的一切，都会让你感受到夕阳的诗意。再往前走，走过香榭丽舍，穿过凯旋门，你会看到一个魅力四射的新巴黎。他们是在创造新生活，但不是以毁灭旧的生活为代价。

　　我们中国人，习惯先毁灭，后创造。毛主席就说过：不打破坛坛罐罐，闹什么革命呢？岳飞也讲过："待从头，收拾旧山河，朝天阙。"大凡是旧的东西，在我们中国人的意识里一定是落伍的、不好的，因此就该淘汰它，毁灭它。在新时代的建设中，这样一种观念会将我们引入歧途，让我们没有办法来积累国家的财富、民族的财富、人类的财富。同样的例子，在美国的东海岸，纽约、华盛顿、波士顿、费城、巴尔的摩等等，所有东海岸的城市都有两百年的历史，历史并不长，但保存得很好。那些两百年前的建筑仍然都在，没有人会心血来潮把那些老房子拆掉。即便在纽约这样寸土寸金的地方，也没有哪一位开发商说某一地段的房子太矮了，应把它拆了，重新盖三十层的高楼。他们国民的意识里面没有这种想法，他们的执政者也不会做出这样暴殄天物的行为。加拿大的东部，从多伦多到渥太华以及蒙特利尔、魁北克，依然是这样，老的建筑都保存完好。可是今天，你到中国的城市走一走，从西部的成都到东部的上海，从西北端的乌鲁木齐到最南端的深圳，你会不认识自己的故乡。所有的土地上，房子的建筑都是一样的。所有的旧城都在改造，所有的老房子都在拆除，而所有的城市，它们只有一个名字，就是现代化的城市。它们没有自己的姓氏，没有自己的风格了。我们记忆中的北京的大屋顶、四合院，苏州的河上人家，杭州的湖光山色，皖南的白墙青瓦的民居，湖南湘西的吊脚楼，一切的一切，我们文化的标记都很鲜明，但现在都在逐渐消失。到了美国纽约，你一定会想到30年代的百老汇。你现在去那里，仍然可以坐在以前老剧院的位子上，欣赏七十年前的歌舞。七十年的时间，对于我们中国来说已经是历史了。但在纽约，这历史还充满活力，依旧是现实生活的一部分。两相比较，我们文化的缺陷就出来了，我们的口号是"不破不立"，被我们破掉了的，虽然有该破的东西，但更多的是应该保存的东西，都被无情地毁灭了。以致我们的后代，会丧失对历史的记忆。

这里打一个比方，上一代人花一百万盖了一幢房子，这代人认为这房子不好看，把它推倒重建。这样一来，上一代人留存的百万元的财富没有了，这一代人又用更多的钱重新建设。下一代人再把它毁掉，再重新建设，如此循环往复，我们的财富永远没有积累。上一代人创造的辉煌，下一代人毁灭掉，这个国家还会富裕吗？如果不改掉我们文化中的这种毁灭性的基因，那么我们的很多财富，将成为无效财富。中国人有句话：富不过三代。这句话绝对是我们这片土地上的真理，但用之于西方，却是谬误。洛克菲勒家族，四代了还是那么辉煌。西方国家中那些很大的商团、大的企业托拉斯，经过一百年甚至几百年依然充满活力。为什么他们的第三代、第四代没有垮掉，反而更加辉煌，而我们却富不过三代呢？依我看，这是因为：第一，我们的意识深处，只愿意看到自己的辉煌，而不愿意尊重前辈人创造的财富；第二，整个社会由于这样一种心态，而养成了这片土地上独特的仇富心理，他们会用毁灭的方式来扼杀你。所以说，这样一种文化，不会对我们的社会起到积极的推动作用，这是值得我们思考的问题。

# 三

说了毁灭与创造的问题，现在我再谈谈风俗与风气的问题。清朝末年，有一个叫辜鸿铭的人，学富五车，是学贯中西的大学者。他在国外很多年，但却欣赏中国的帝制。帝制被废除后，他还一直在后脑勺上留一根长辫子，以示对帝制的怀念。他的这种古怪的行为，令当时许多人感到奇怪，那些一天也没有喝过洋墨水的人，都说要学习西方的政治制度，应该走向民主，走向共和，而不是走向专制、帝制。辜鸿铭先生对中国的传统文化近似痴迷，人们给他戴了一项文化保守主义的帽子。

我认为，一个国家文化上相对保守一点，一定会对国家的发展有好处。不少有识之士都谈到，只有出现大量的中产阶级，社会才能稳定，时代才能有多元、个性的发展。为什么会这样呢？中产阶级成为社会最饱满的一个阶层后，这个社会的大富豪就比较少，穷人也少，社会不至于两极分化，因此才会稳定。这是从经济的角度分析。若从文化的角度来看，中产阶级具有文化上的保守倾向。穷人太多就会造反，富豪太多就会掠夺，社会在两极之间产生摇摆，风险极大。而且，这两种人都容易走极端，给社会带来不稳定的因素。而中产阶级不一样，他们有恒产，也有恒心。他们既有能力承担社会的责任，也希望社会和谐、稳定。这两种因素结合起来，就造成了他们文化上的保守倾向。而中产阶级的最大人群，年龄在四五十岁之间。六七十岁的人倾向于守旧，这和中产阶级的保守是两种概念。中产阶级的保守是一种宽容的心态，含有对新事物的关注、容忍，但自己不会去试验。

在春秋战国时期，中国的政治架构由四个层次组成：最高的是皇帝，周朝的天子；中间一层是诸侯国的国君；在国君与老百姓之间，还有一个贵族阶层，也称士大夫阶层。这个士大夫也有三个级别，即上大夫、中大夫、下大夫，无数的大夫构成贵族的阶层。贵族一般都有自己的封邑，也叫领地。他管辖领地里的百姓，既是他们的统治者，也是他们的代言人。贵族们帮助国君治理天下，但不是国君的附庸。他们可以对国君说不，国君可以对周天子说不。这样一种态势，是制衡大于制约。秦统一中国之后，贵族阶层就消失了，因此中国政治便少了很多生气。

贵族政治在事功上、在文化上既具有活力，也倾向保守。这一点，同当今之世的中产阶级有相似之处。这种文化上的保守主义，不仅反映在早期的庄子身上，也反映在儒家的孔子与孟子身上。比他们思想更激进的代表是韩非子、荀子。文化上的左、中、右，在漫长的春秋战国时期一直共依共存。诸子百家，风雷激荡。最后孔孟成为中国文化思想的主角，这本身表明文化保守主义者的胜利。孔孟之道养成了中国士大夫的心态。士大夫"达则兼济天下，穷则独善其身"。这个"达"是入世，"穷"是出世，就是不受到重用的时候。独善其身，出世用老庄养心；兼济天下，用的是孔孟。这是一个人精神状态的两极。用这样一种文化治国，处理得比较好的，是唐朝，我们后人称赞为盛唐气象。对应于唐的，是汉，我们中国人称自己是汉人。全世界所有的"中国城"都被称为"唐人街"。汉唐与长安，一个汉字，一个唐字，写下了中国人历史上辉煌的记忆，也定下了中国人文化的胎记。

为了培植国力，历朝历代不止一次在经济上或者军事上实行扩张主义。但是在统驭人心的时候，我们永远奉行文化上的保守主义，这样社会才会稳定。在今天，如果中国培育中产阶级，首先要培育中产阶级的文化观念。我经常在报刊上看到，有的专家从经济指标上划定中产阶级的范围，说什么有房有车，年收入在五万至十万之间是中产阶级。这种资产上的划分固然重要，但更重要的是，应该划分中产阶级的文化特征。我认为中产阶级的文化特点第一是心存敬畏，他们对列祖列宗存有敬畏之心。我们对历史上任何一段灿烂的文化，首要的任务不是批判，而是吸取智慧的营养。在发现它不足的过程中，你批判它但不是为了毁灭它，而是为了把它培植得更好。中产阶级第二个特点是有宽容心，他永远不会以激烈的方式，对待社会上的多元发展，他不会轻易否定别人价值观的取向。有些事情他可以不去做，但他会容忍和欣赏。第三个特点是爱心，这个爱不仅仅是爱自己的家人，爱自己的朋友，也爱自己的民族和这一片土地。当所有的爱凝聚起来的时候，它就成为推动我们民族向和谐社会发展的一个巨大的动力。

在这里，我向同学们说说我参观哈佛大学的一件小事。哈佛大学最显眼的地方立有哈佛的雕像。我站在雕像前，校方介绍说哈佛是17世纪的牧师，他捐出了一万英镑和几十英亩土地，建造这所大学，所以这所大学就用他的名字命名。一个牧师的名字，成为世界上所有学子向往的大学的名字，我当时真是心存感慨。后来我又到了宾夕法尼亚州的首府哈里斯堡，这座城市为什么叫哈里斯堡呢？哈里斯是个德国商人，做木材生意的。他赚了钱以后，便买下这片土地捐给市政府来建造这座城市。两百多年过去了，这座城市依然叫哈里斯堡。接着我又到了纽约，在市中心，我看到了非常豪华的十九座大楼，它们连在一起，总称为洛克菲勒大厦。这座大厦由洛克菲勒建造，曾被日本人买去，它依然叫洛克菲勒大厦。通过以上三件事情，我就认识到这就是美利坚这片土地的宽容。它尊重财富，尊重为社会做出过贡献的人。但是在中国，结局恐怕会是另外一种。大学建起来可以叫华盛顿大学、林肯大学，因为他们是总统，有优先命名权，但绝对不可能叫哈佛大学。钱可以让哈佛出，但不能让他得这个名。即便是用了你哈佛的名字，最后还可以改过来。你活着的时候可以尊重你，死了就不认账了。这就是没有敬畏感，对有贡献的人不尊重的表现。明朝就有这样的一个例子，朱元璋夺取天下，定都南京，大兴土木，江南的首富沈万山捐资为南京修城墙。城墙修好以后，朱元璋心想，你一个商人，哪来那么多钱？你富可敌国，比我当皇帝还荣耀，这怎么行？因此寻找借口，将沈万山发配到云南，抄没家产。这个沈万山如果生长在美国，他修的城墙恐怕就叫沈万山墙了。但他没有哈佛、哈利斯、洛克菲勒这些人幸运。连朱元璋这样的皇帝都有那么强烈的仇富心理，民间就更不用说了。这就是没有敬畏，没有宽容，没有爱。如果社会的每一个阶层都生活在尖锐对立中，我们怎么能和谐呢？这样就不是文化的保守主义，不是要培育出来的一种中产阶级的精神状态。

中产阶级的第四个精神特点是忧患。忧患体现在两个方面，第一是你愿意为民族思考，第二是你有能力为民族思考。很多人是愿意为民族思考的，但是不具备思考的能力。这种思考的动力与能力，有一个重要的前提，就是精神资源的开掘。我们说的文化的保守主义，它的表象并不阳刚，而是阴柔的。它处理问题不是激烈的、极端的，而是沉默的、迂缓的。美国曾有一个研究机构在研究中国人的文化特征时说过："每一个中国人的心中，同时有两座神，一个是土匪，一个是菩萨。当生存出现危机的时候，中国人心中的土匪就出现了；当他们解决了温饱时，每一个人又变成了菩萨。"在对中日文化做比较时，又说："对付一个日本人易如反掌，对付一群日本人难上加难；对付一个中国人难上加难，对付一群中国人易如反掌。"这是为什么呢？因为中国人擅长窝里斗。追根溯源，是我们文化上有缺陷。但是我们的传统文化也有它非常独特的长处，用唐诗来形容，叫"随风潜入夜，润物细无声"。对世界上所有好的东西，它都会兼收并蓄，并最终把它改造成中国文化的一部分。

## 四

2000年我访问印度的时候，印度新德里大学一位研究哲学的教授，在同我们中国作家座谈时，提了一个刁钻的问题："马克思主义在全世界都遭遇了失败，唯独你们中国还在坚持。你们认为，中国还能将马克思主义坚持多久？"这实在是一个很难回答的问题，我当时想了一下，回答说："我是一个虔诚的佛教徒。我到印度来是为了寻找印度佛教，结果我非常失望。在这个向全世界输出了佛教的国度，佛教已经式微了。现在印度最大的宗教是印度教和伊斯兰教。佛教人口在十三亿人中只有九百万。对于这个人口众多的国度来说，九百万佛教徒实在太少了。我很奇怪，为什么创造佛教的国度没有延续它的辉煌？大概在印度的阿育王时代，佛教传入中国，至今已有两千多年的历史。这期间，中国有不少高僧大德跋山涉水，万里迢迢到印度取经。这些人中最著名的要数玄奘了。他终生的意愿是要获得印度佛教的真谛，他不辞劳苦取回佛教典籍，并亲自承担翻译工作。正是因为有无数的玄奘式的人物的努力，佛教终于在中国落地生根。到了晚唐，禅宗出现，印度佛教基本上在中国已经本土化了。现在，不管官方意识形态怎么样，佛教的信仰在我们的老百姓中间是牢不可破的。中国吸收、改造印度佛教成为我们本土佛教，花了七八百年的时间。在这漫长的时间里，中国人也曾排斥它、抵制它。唐代的大思想家、大文学家韩愈便是抵制佛教的代表人物。我们的政治集团，或者说统治集团对佛教的态度，也是因人而异。像梁武帝，就是一个佛教的强力推崇者。在他统治时期，出现了'南朝四百八十寺，多少楼台烟雨中'的盛况。反对佛教的人，灭佛、毁佛的皇帝，像周武宗、明嘉靖皇帝等，也给佛教在中国的传播给予了沉重的打击。但这都只是过程，我们的知识精英一直没有放弃佛教的中国本土化。这种改造是水滴石穿的过程。因此，现在全世界认识的佛教多半是来自中国。特别是唐代兴起的禅宗，这似乎成为当代世界佛教的正脉。中国是佛教的二传手，却是佛教发扬光大的功臣。中国从引进佛教到输出佛教，这在世界文化交流史上，是最为杰出的范例。教授先生所说的马克思主义和佛教一样，都是外来文化，都被中国人所接受。这个接受的过程不会一帆风顺。既然是外来的，总有一个水土不服的阶段。中国人花八百年改造印度佛教，一定也有耐心花八百年来改造来自德国的马克思主义！这个过程非常漫长，不是我们一代人所能完成的，但是我们中国人有这种锲而不舍的毅力，最终让马克思主义中国化、本土化。我相信总有一天，全世界会接受改造过的中国本土化的马克思主义。"

这个教授没有想到，他提到的这个问题我会用佛教的例子来回答，他一时无从辩驳。佛教也好，马克思主义也好，我认为都是中国人开掘精神资源的例子。马克思主义之所以能在中国落地生根，主要是它与中国的儒家思想有契合之处。春秋战国时期，也就是贵族政治时期，我们是自由的但不是民主的。现在，我们接受民主自由的思想，它们是西方的，当然也是马克思主义的。相信中国人的智慧，一定能找一条通道，将它们融入中国文化，最终成为国粹。这个艰巨的任务不是一代文化精英能够完成的，这中间会有冲突，甚至会有流血的冲突，但最终我们的文化是会有强大的消化能力、改造能力的。今天我们在执行马克思主义的思想时，感到有很多生硬的地方，这是因为我们的移植是物理性的焊接。这边是中国，那边是马克思，中间找个焊条焊起来。因此，马克思主义还远远没有成为我们文化的自觉。从物理的焊接到水乳交融是有个过程的。就像速溶咖啡，加上伴侣，倒入开水，百分之百溶化。这是一种最好的物我相忘，最后咖啡伴侣没有了，水也没有了，杯子里的液体成为另一种状态，滴滴香浓。如果有一天，马克思主义没有了，孔孟也没有了，它们合成了一种新的东西，成为人类的宝贵精神财富，那么我们文化的改造就完成了。

一方水土养一方人，不是养我们一代人，是养我们千秋万代的人。

2006年6月17日

在西安交通大学的演讲

# 中国的读书人

## 一

今天到这里和同学们交流，看到这个报告厅里人都坐满了，很多同学站着听我的讲座，我很感动。很高兴能够跟你们交流，因我这次到广州来是参加"南国书香节"的，因此准备的讲稿便与读书有关。我今天演讲的题目是《中国的读书人》。

读书人全世界都有，但我今天只讲中国的读书人。大家会问，中国的读书人与外国的读书人有什么不同吗？我要告诉你们，不同的地方太多了。我认为一生只读专业书的人，不是真正的读书人。读书的真正快乐，在于读闲书、读杂书。专业书养志，闲杂书养心。西方的读书人，大多数专注于专业方面的书籍，所以好认死理、坚守原则。中国读书人要谦和一些、通融一些。这就是不同。

我们在座的每一个人都是读书人，我认为当个读书人是一件很快乐的事情。今天改革开放，提出了"科技就是生产力"的口号，学理科的知识分子地位大大提高。以两院院士为代表的科技精英，都成了光环中的人物。相比之下，文科的知识分子的社会地位，却明显地衰落了许多。我获得了茅盾文学奖第一名，奖金是三万元。国家最高科学技术奖奖金是五百万。这就是差别。我这么说，不是忌妒人家科学家，他们造福人类、造福国家，应该得到足够的荣誉和财富。我只是想说明，时代风气改变了，读书人的差别也就显现出来。现在是科技时代，因此也就是科学家的时代，文学家们不再受到社会的普遍关注，是一种很正常的事情。尽管如此，我仍然觉得我这样一位从事文学创作的读书人，生活在当今这个时代，是一种福气。

二

读书不是一种职业，不同身份的人都可以从阅读中获得快感。我们讲读书人，应该有两种不同的解释。一种是知识分子的代称，另一种是有读书爱好的人。这两种解释都行得通，只不过对应的问题不一样。我现在先说说第一种读书人。

在中国古代，尽管当官始终是最荣耀的事情，但人们认为最好的生活方式，或者说最好的职业，却不包括当官。尽管我个人认为，终生当一个读书人是最好的生活方式，但古人并不这样认为，古人将贤人分为渔、樵、耕、读四种，第四种才是读书人。同学们也许会问，为什么要把渔翁放在最前面呢？打鱼的人出没于风波里，社会地位那么低，有什么好的？在这里，我用三个例子来说明渔翁的了不起。

第一个故事是在春秋时期，当时中国的长江流域有三个诸侯国，楚国、吴国和越国。在公元前6世纪末期，楚国最强大，但是楚国的国君楚平王很平庸。楚平王派使者到秦国为自己的儿子找媳妇。春秋战国时期，各国互相通婚的现象很普遍，这叫政治联姻。楚平王之所以要到秦国找一个儿媳妇，是为了他"西结强秦"的政治目的。应该说，这个想法是不错的。但是，等到秦女来到楚国都城的时候，他一看到这位秦女很漂亮，便舍不得给儿子了。于是他听信奸臣的话，把这位秦女纳为自己的老婆。这件事遭到朝中老臣伍奢的极力反对。楚平王于是杀了伍奢一家三百余人，只有他的第二个儿子伍子胥逃了出来。"伍子胥过昭关，一夜白了头"的故事，同学们应该知道。我今天就讲伍子胥是怎样过昭关的。伍子胥历尽磨难逃到昭关，这是吴楚分界的边城。此时，前有大江堵截，后有楚平王派的追兵，跑不掉了。在这生死存亡的关头，突然，芦苇深处荡来了一只小船，一位老渔翁一边唱歌一边把船摇到伍子胥跟前，说："你上船吧。"伍子胥刚刚上船，楚国的追兵就到了岸边，追兵高叫渔翁将船开回来。渔翁笑了笑，仍是一边唱歌一边将船摇到江中心。伍子胥脱离了危险，他非常感谢这位渔翁，把老人尊称为丈人，说："丈人，我该怎么感谢你呢？"渔翁反问："你说怎么感谢我呢？"伍子胥说："我这里有一把祖传的宝剑，我把它送给你。"在春秋时期能够将自己最好的剑送给别人，这是最高的馈赠。伍子胥的这把宝剑上镶嵌了很多宝石，而且他带着这把宝剑参加了很多次战斗，因此伍子胥觉得把这把宝剑送给渔翁，最能表达他的感激之情。谁知渔翁笑了笑说："我知道你是伍子胥，我知道楚王在追杀你，我也知道楚王悬赏的价值，如果我将你交出去，我不但可以得到爵位，还可以得到五千顷的土地，可以说是封侯拜相啊！我连那个都不要，我还要你这把剑吗？"伍子胥非常感动，渔翁仍然一边唱歌一边摇船将伍子胥送走。当伍子胥上岸，再回头一看，小船上已经没有人了。那位渔翁已经沉江自杀了，他知道自己回去就会被楚王的军队杀掉，于是干脆沉江。这是中国历史上渔翁的形象，渔翁是智慧的化身，是英雄的化身，也是有儒雅之气的侠客的化身。伍子胥后来逃到吴国，帮助吴国强大起来，现在的苏州就是他建的。

第二个渔翁的故事，发生在战国晚期，与伟大的诗人屈原有关。屈原的不朽之作《离骚》可以和《荷马史诗》媲美，是中国文学发源期的高峰。屈原是楚国的高官，屡进忠言而遭到国君排斥。楚国灭亡之际，已被放逐到郢都之南，就是今天湖南汨罗县的屈原，悲愤交集，准备投汨罗江一死了之。屈原走到江边，正准备投江，这时他遇到了一个渔翁。渔翁问屈原要干什么，屈原回答说他要自杀，楚国被灭了，奸人当道有什么意思，还不如自杀算了。这时渔翁针对屈原"众人皆醉我独醒"这句话，回答说你应该"淈其泥而扬其波"。渔翁的意思是：世人都醉了你一个人醒着干什么？就像世上的水都浑浊了，大家都喝不干净的水，你也喝啊，你应该随其流而逐其波。渔翁这是告诉屈原：你要接受这个时代，你要接受命运给你的安排。但屈原没有接受渔翁的劝告，还是倔强地沉江了。这位渔翁的形象也随着屈原的故事一同留在了中国的历史中。这个渔翁是中国的老庄哲学的代表，明哲保身，不与世界对抗，只讲求"独善其身"。

现在讲第三个渔翁的故事。大家还记得《三国演义》开篇的那首词吧："滚滚长江东逝水，浪花淘尽英雄。是非成败转头空。青山依旧在，几度夕阳红。白发渔樵江渚上，惯看秋月春风。一壶浊酒喜相逢。古今多少事，都付笑谈中。"这是明嘉靖年间状元出身的杨慎写的一首词。这个杨慎学问很好，但官运不佳，因为参与大礼案，与嘉靖皇帝结下不解的仇恨，被流放云南，终生不赦。他的这首词成了《三国演义》的主题思想。杨慎是在流放的路上写下这首词的。个人的坎坷遭遇，让他羡慕一辈子与世无争的江上渔翁。从古到今几千年，今天这个朝代垮掉了，明天那个朝代建立起来了，在渔翁的眼睛里，这只不过是太阳从东边升起从西边落下，是自然的规律。人间的兴衰更替，不必看得太认真。渔翁在日夜流淌的江河上，长年累月看着秋风春雨，不会被小人构陷，不会被功名累死，多好呀！

通过以上这三个渔翁的形象分析，大家就知道"渔樵耕读"，为什么要把渔翁放在第一了。中国的四大贤人排座次，不是皇帝排的，也不是外国人排的，而是中国的读书人给自己排的位置。渔翁是独善其身的，他永远那么悠闲，这是读书人将他摆在第一位的原因。读书人羡慕渔翁的那一份平淡、那一份悠闲。渔翁充满智慧，但是他并不用这样丰富的智慧去博取功名。中国古代读书人从思想深处是认同这样的一种思想态度的。大家不难看出，渔翁是读书人理想的化身，是老庄哲学的典型代表。渔翁在沉重的世俗生活中，显得那么飘逸、那么超然。正因为如此，渔翁经常担任历史仲裁者的角色。没有渔翁，我们的历史便缺乏第三者的眼光，即客观的眼光。历史有成功者的历史，也有失败者的历史，还有旁观者的历史，渔翁是作为旁观者来看待我们的历史的。

三

下面我要说一下读书人。读书人也有三种，一种是积极创造历史的，一种是积极塑造自己人品的，还有一种比较接近渔翁，即以一种豁达悠闲的心情看待周围发生的一切。有一副对联，叫"看门前花开花落，望天上云卷云舒"，这是最典型的第三种读书人。

我们先说第一种积极创造历史的人。屈原梦想破灭因此结束了自己的生命，班超将笔一丢，说大丈夫每日坐在书斋里有什么意思，应该到边疆厮杀，争取封侯。这都是为时代效命的一种方式。这一种人有很多，伍子胥是这种人，范蠡是这种人，秦始皇的宰相李斯、汉高祖的军师张良以及诸葛亮、王安石、张居正、翁同龢等等，都是这种人。这种人是立功的，他们心存社稷，铭记苍生，鞠躬尽瘁，死而后已。还有以孔夫子为代表的一种读书人，是立德立言的。如司马迁、贾谊、朱熹、陆九渊、王阳明等等。此类人中，还有诸如李白、杜甫、苏东坡、曹雪芹等一批又一批文学家。这样一批立德立言的读书人，总代表还是孔夫子。孔夫子最早的志向不是当思想家，而是当政治家。他惶惶如丧家之犬，各处游说，希望能得到一个平台、一个治理国家的机会，但是国君们都不愿意用他，认为他是书呆子。这实际上是老天爷帮了他。他如果去当一个入世很深的政治家，就不可能有第三者的眼光来看待社会的变化，最后成为中国的万世师表。现在全世界很多地方都建有孔子学院，许多国家都在研究并吸收他的思想。如果他当了政治家，不会比伍子胥或者李斯干得更好。伍子胥与张居正一样，都是楚狂人，都是我的老乡。他这个人在政治上是很有建树的。他这种读书人，是建功立业的代表。

建功立业的人，命运一般都不好，不是像伍子胥那样被赐死，就是像诸葛亮那样被累死。孔子想建功立业，想当政治家，没当成是他的福气。处理当下的政治，他便没有时间独立思考问题了，也没有可能当大思想家了。今天，也就没有那么多人研究他了。

在以孔子为代表的第二种读书人的方阵里，其人性的光芒、智慧的魅力，甚至比第一种读书人更为灿烂。这里再讲两个唐代的故事。

现在人们认为，只有那些对生活丧失了信心的人才出家当和尚，认为遁入空门是一种逃避现实的方法。其实在唐宋两朝，当和尚也是实现人生理想的一个很重要的手段。有这么一个故事：唐代有一个皇帝非常喜欢佛教，也很喜欢当时一位名满天下的大和尚马祖。有一天，他终于把马祖请进了皇宫。可是马祖见到皇帝不下跪，大臣们就问他为什么见到皇帝不下跪。马祖回答说我见皇帝不能下跪，因为他是管理天下众生的，是人王，我呢，我是法王，是管法的。这个法不是法律，法王也不是政法委书记，而类似于西方所说的宗教领袖。在老百姓心中，法王就是神的化身，是佛的化身。马祖的法王之说，是对皇帝权威的一种挑战，但皇帝并没有迁怒于马祖，这表明唐朝皇权的宽容与宗教情感的培育状态。

第二个故事是说明读书人的无行。唐代有一个大诗人叫骆宾王。武则天时期他写了一篇《讨武曌檄》，这篇文章收在《古文观止》里，是一篇最好的檄文。骆宾王这个人当过小官，怀才不遇，每天在长安街上喝酒，天天都是烂醉。他酒鬼的名声和他才子的名声都很大，皇帝都知道。有一次外国进贡美酒，皇上品过之后，说真是好酒啊。他想起骆宾王也很喜欢酒，就吩咐身边的太监也给他送一坛去。多不容易啊，皇帝并没有因为你骆宾王官职卑微，就高高在上，不跟你来往。那时候从皇帝到一般老百姓，都爱惜和尊重有才华的人。这一点跟今天有点不大一样，现在是谁有钱谁就是大哥大。且说两个太监抬着一坛子酒在长安酒家一家一家找，最后在一个小酒馆，类似于我们广州的大排档里找到骆宾王。当时骆宾王已经半醉了。那个时候也没有说来圣旨了就要下跪接，太监说明来意，骆宾王就把送来的酒尝了一尝，连声称赞："哎呀，真是好酒！"骆宾王于是找店小二要了一只木盆，把美酒倒进盆子里，然后脱了袜子洗脚。这一下在场的人都大吃一惊，用皇帝御赐的美酒洗脚，这可是闯了大祸了。有人就问骆宾王："你吃了豹子胆啊，怎么敢用皇帝送给你的美酒洗脚？"骆宾王说："皇帝送酒时并没有说这酒只是送给我嘴的，没有说吧？要知道脚也是我骆宾王的，嘴也是我骆宾王的。我如果只管嘴不管脚，岂不是欺上瞒下？"你们听，骆宾王回答得多么巧妙。他是借着美酒来说事儿呢，讽刺皇上身边的大臣欺上瞒下。太监回到后宫中，把这件事说给皇帝听，皇帝只是笑笑，并没有责怪骆宾王。所以我说，唐代皇帝胸襟宽广，尊重文化人，而文化人也能够特立独行，保持自己的文化品格。

# 四

在历史上，骆宾王这样的读书人还不算是另类。按品性划分，读书人也可分为三类：狂生、狷生和乡愿。狂者不拘小节，但有担当天下事的勇气；狷者执着，有一往无前的决心；乡愿比较玲珑，会做人。一般来说，狂者有个性，比较遭人忌。李白诗"我本楚狂人，凤歌笑孔丘"，他是以狂人自居的。敢以狂人自居的读书人，历史上每个朝代都不少。

继骆宾王之后，晚唐有一个大诗人叫杜牧，他不算狂人，但也有狂人那种与世俗抗争的勇气。杜牧非常有才，官也比骆宾王做得好很多。他最大的官职按照今天来说，是最高人民检察院的检察长，那也是副总理级别了。他当初在淮南节度使牛僧孺幕中当书记的时候，就是出了名的风流才子。淮南节度使相当于今天的大军区，书记不是今天的书记，不是单位的一把手，而是节度使的幕僚，相当于秘书长。杜牧在扬州，最大的乐趣是下班之后去泡妞。扬州在唐代是最繁华的城市，相当于今天的上海，城里头到处都是青楼酒馆，最漂亮的女孩子都跑到扬州来了。有一句话说，"腰缠十万贯，骑鹤下扬州"。杜牧天天都跟这些女孩子泡在一起。他毕竟是政府官员，哪能这样胡闹呢？于是有人跑到牛僧孺跟前告他的状。牛僧孺听了只是笑了笑，每天偷偷派几个便衣警察跟着杜牧，不是伤害他而是保护他。

三年之后牛僧孺升官了，走之前，他把杜牧叫到办公室里。只见他的书案上摆了老大的一只箱子，他让杜牧打开箱子，只见箱子里放着一扎一扎的纸条子，都是杜牧到妓院去平安归来的记录。杜牧这才知道牛僧孺一直派人暗中保护他，因此对牛僧孺非常感激。但他秉性难改。

多少年之后，杜牧回到长安当了监察御史。那时候长安城的达官贵人家里，每天晚上都有堂会。当时国家没有歌舞团，达官贵人家里都养着歌舞班子。有一个京兆尹，相当于现在的北京市市长，家里歌舞班子非常有名，其中有两个女歌星，歌唱得相当好，像现在的超女这样，名气大得很。这个京兆尹经常请人到家里吃酒席看歌舞，但是从来没有请杜牧。杜牧就很奇怪，问朋友这个市长为何不请他。朋友说不敢请你，你是管纪检的官员，怎么敢请你呢？他一听，当天晚上跑去京兆尹的家，说你不敢请我，我自己来了。刚坐下就问："谁叫紫云啊？"紫云就是那个红得发紫的歌星，当时长安城中的超女。他让紫云坐在他旁边，陪他喝酒，给他唱歌。这是唐代的读书人。"文人无行"这句话，在唐朝表现得比较充分。

## 五

现在，我再讲一讲第二个问题，就是读书人承担社会功能的问题。每一个读书人都承担着社会责任，有的人当渔翁，有的人当李斯，有的人当李白，等等。每一个读书人都是不同的。为什么他们承担的功能不一样？换句话说，为什么他们的文化身份千差万别呢？这是因为他们在读书的过程中汲取的知识和他们传承的关系不一样，后世对他们精神的领悟程度也是不一样的。世界上有两种文化，一种文化是以毁灭为能事，另一种文化则致力于创造。这么说，大家可能不好理解。为什么说以毁灭为能事呢？所有的改朝换代都是毁灭，不破不立嘛，破就是毁灭，将旧的东西打破，这个过程就是毁灭的过程。我们现在的改革，重点在经济的发展，这就是一种创造。历史上有一个奇怪的现象，往往改朝换代，毁灭旧的王朝的时候，不读书的人起了重要作用，读书人却只是配角。唐人的诗"坑灰未冷山东乱，刘项原来不读书"，是讽刺秦始皇焚书坑儒的，但也道出了"英雄未必是书生"的道理。刘邦和项羽，两个人都胸无点墨，是大老粗，但两人推翻了秦王朝。他们是大英雄，善于毁灭，却不善于建设。在建设一个世界的时候，读书人的优势就明显地表现了出来。读书人的分别在于，有的人愿意研究毁灭一个世界的学问，而更多的读书人，是为我们的社会承担建设的责任。

有着建设责任的读书人不见得要当官，但一定要有专门的知识。三百六十行，行行出状元。当今社会中，这些状元就是两院院士，就是各行各业的带头人，就是那些大公司的老板。我常和人讲，当一个时代的建设者，是有福的。铁马金戈、刀光剑影的生活，虽然刺激，但不是每一个人都喜欢的。而对于赚钱的差事，大部分人都有积极性。如今到了知识经济时代，没有专业，赚钱是很难的。但这些赚钱的、经邦济世的学问，不是说你泡吧、泡妞可以泡出来的，你必须下苦功夫去学习才能掌握。人间的学问很多很多，当今之世同古代不一样，学问分得很细，非常非常细。就说你们华南理工大，设置了多少个专业，每个专业里，又容纳了多少学科？我曾经在另外一个地方说过：知识是有方向性的。比如说科学技术所承担的任务是创造世界，人文科学，我们的哲学、文学、法律、经济等等这些文科的学问是用来管理这个社会、管理这个世界的。这就是知识的方向性。美国建国以来的总统百分之九十是学历史、学哲学、学法律出身的，他们所学的知识在他们管理国家时起到非常重要的作用。如果你是科学院院士、工程院院士，你就应该在科技领域为国家进步做贡献。没有他们，神六上不了天啊！但是，管理国家、创新制度，就应该让更多的学习人文科学的读书人来承担责任。这就是知识的分工。

## 六

说了读书人承担社会功能的问题，我还想专门说一说读书人的领悟能力、智商和情商的问题。首先，我提醒大家，千万不要小看那些书读得不多的人，他们中的佼佼者，智慧可不见得比我们读书人低。这里面最典型的例子，就是我们广东的一位前辈，一千多年前的惠能，也就是禅宗六祖。惠能是一个大字不识的文盲。有一天他到一户人家卖柴火，听到东家在诵《金刚经》，听到"应无所住"四个字时，他忽然就领悟了。惠能听完之后就问这是什么书，有人告诉他是《金刚经》。惠能又问现在最懂这个经的人在哪里？人家告诉他是禅宗五祖弘忍，住在黄梅东山五祖寺。惠能听了之后，千里迢迢从韶关穿过江西，从九江渡过长江来到湖北黄梅的五祖寺。惠能的广东口音很难懂，他到了五祖寺后，弘忍大师问他是从哪儿来的。惠能回答说是岭南。那时候中原人对广东人很蔑视，称呼广东人是"獦獠"。弘忍说，你一个獦獠怎么学佛？惠能立即回答说："人有南北之分，佛性并无南北之分。"这使弘忍大师大吃一惊，于是把惠能留了下来，但还是不让他出家，而是让他随众劳动。和尚们每天的任务是听经讲经，而惠能的任务是种菜做饭。惠能入寺八个月之后，弘忍命各人呈上一首偈语。这实际上是一场考试，他要选择继承人。但惠能没资格参加，因为他还不是和尚。弘忍的弟子上千人，最有学问的一个弟子叫神秀，和尚们称他为上座，相当于今天的学生会主席，其地位仅次于弘忍。神秀为了显示自己的才能，写了一个偈，类似于今天的打油诗："身是菩提树，心如明镜台，时时勤拂拭，勿使惹尘埃。"所有的人都说他写得好，夸他学佛十七年，了解了佛的真谛。惠能这位"獦獠"不识字，就请人念给他听。听了之后，他说我也有四句，但是他写不了字，便让人帮他写。他口授的四句是"菩提本无树，明镜亦非台，本来无一物，何处惹尘埃"，一下子推翻了神秀对佛的理解。和尚们都耻笑惠能胡说八道。弘忍看了惠能的偈语后，当夜就把惠能叫去，把世代相传的袈裟交给他，正式传给他衣钵。他知道神秀势力大，没有当上继承人，肯定会对惠能不满。于是让惠能连夜离开五祖寺，回广东老家去。惠能这四句偈，道出了禅宗的真谛，印度佛教的中国化，惠能功不可没。我们今天读到的《六祖坛经》，便是惠能讲授禅学的语录，是他的弟子们记录的。他同孔子一样述而不作，孔子述而不作，是摆老师的权威，惠能是因为不识字。这等于是让一个不认识字的人当了中国科学院的院长。这有点黑色幽默的意味，可其实一点也不荒诞。神秀学富五车，但根器不如惠能，这根器就是领悟能力，也就是智慧。

孔子说有的人是"生而知之"，有的人是"学而知之"，这就是智商的差别。毛泽东一辈子掌握了这么多学问，可能有人学五百年都学不会。林彪说毛泽东这样的天才五百年才出一个，这句话也不是完全没有道理。毛泽东既生而知之，又学而知之。惠能就是生而知之，这种人是天才。孔子和神秀这种人是学而知之，通过艰苦的学习参透知识，这叫人才。人才是可以培养的。我们所有的大学，所有的教育机构，都是为学而知之的人所创办的。我们的每一本书，都是为学而知之的人写作、出版、发行的。有的人读书读了一辈子，始终是一知半解，这就是领悟能力不够。大凡智商与情商比较高的人士，只要培养了读书的爱好，大都能够融会贯通，达到学而知之的效果。

最后我要告诉同学们：读书是快乐的，不要将快乐让给别人。这句话我是怎么想起来的呢？凤凰卫视每次为李敖的专栏节目做广告时说："李敖读书，我们读李敖。"我就想，读书是多么快乐的事啊！我们为什么要读李敖呢？那多枯燥呀！

我从十一岁时起，就养成了读书的习惯，每天不读几页书，会感到不舒服，晚上不读几页书，就睡不着觉。四十余年来，我从未改变每天读书的习惯。我喜欢在下雨天读书，喜欢在冬天下雪时读书，因为这个时候大家都很少走动。这个时候待在家里读书，感觉很快乐。我经常一到下雪的时候，心情就特别好，因为只有这样萧瑟的环境，才能给人非常充足的空间以及非常闲适的心情把书读下去。所以我说读书人的要求很低，只要天上有雨、有雪，只要有一盏清茶一杯淡酒，就可以读一本书，思考人生的大问题。这样的快乐你在读李敖时肯定找不到。所以我们不要读人，也不要去读周围世俗的风气，我们只要有一点点时间，就用茶用酒来相伴，度过一段愉快的读书时间。

**附：回答听众提问**

听众：熊老师，请问您写《张居正》用了多少时间？

熊召政：我读书读了五年，主要是研究明代的历史，然后写了五年，一共是十年。

听众：熊老师您好，我听您的演讲总是讲古代的，很少讲近代的。我想问一下您对鲁迅的看法？

熊召政：大约是因为我这个人线装书读的太多了，所以随手拿来的例子都是古代的。我非常喜欢30年代的一帮作家，包括巴金老人，我非常敬佩30年代这一批作家的成就。鲁迅在他那个时代，处于巅峰的位置，他的确是一个思想家，也是一个文学家，非常了不起。

听众：熊老师您好，听说您在四川文艺出版社出版了诗集、散文集以及长篇小说《张居正》，请您谈谈创作和读书之间的联系？

熊召政：我的《张居正》这部历史小说，最早是在长江文艺出版社出版的。这部书一共有四卷，分四年出完，一年出一本。为什么这样出呢？当时长江文艺出版社社长周百义，也是我的责任编辑，对我用了一个激将法，他说："你可以一本一本地出，也可以一次出，这就要看你对自己有没有信心。有的人作品第一卷出来反映很好，后来写得不怎么样，到最后没有人看了。还有人一卷比一卷写得好，读者越来越多，后一种人愿意一本一本出。"我一想，我也不能说自己是前一种人，对写作没有信心，于是答应写一本出一本，这主要是为了给自己增加一点压力。去年获得茅盾文学奖之前，我重新来看这本书，发现有一些可以订正的地方。比如说，里面说到了奏折，其实明代只有奏本没有奏折，这样小的事可能读者不在意，但是作为一个对历史负责任的作家，不能因为读者忽略，你就可以忽略。因此我就将它做了一个订正，这个校订本就是由四川文艺出版社出的。这套书出得非常考究，我很满意。这个校订本究竟订正了多少处，我自己也不知道，改得密密麻麻，我的四川文艺社的责任编辑林文询先生告诉我，修订的地方有二千二百四十八处。

另外，我的散文集《青山自在红》，它是在写《张居正》过程中诞生的，是对历史的一些研究。我将这本书送给贾平凹，他说你这是将写《张居正》剩下的余料再回炉一次，变废为宝，很好。我说不是，我的这些文章体现了我的历史观，是我写作中很重要的一部分，与《张居正》相得益彰。这位同学问到我还写不写诗。我最后的一首诗《千年虫》是1999年写的，这之后我就没有再写了。但是，《张居正》中，我仍替里面的人物写了大量的诗词。不过，今后我想我还是会写一点新诗的。

听众：我自己比较喜欢读书，最近我在网络上遇到一位像您一样的师长，通过QQ或者其他论坛针对我们大学生的思想发表看法，他说大家都在读书，但是真正能够用心去读书的人，却是很少。我现在处于比较茫然的状态，我能通过什么样的途径与您进行交流呢？

熊召政：我这个人好像与生俱来就喜欢读书。客观地讲，我当年的读书条件比你们好，为什么这么说呢？因为那个时候我们家没有收音机，全中国都没有电视机，更没有电脑与害人的网络游戏。我生活在一个偏僻山区的小县城里，漫漫的长夜，全靠读书来度过。所以我说我的读书条件比你们好，整个社会没有那么多的诱惑让我放弃读书的快乐。如果让你们像我小时候那样去读书是很残忍的，也是不可能的。因为外面的世界很精彩，房子里的世界很无奈。对当年的我来说，读书是一种快乐、一种享受，今天对你们来说，读书可能成为一种痛苦了。往电脑跟前一坐，进QQ聊天室，与网友们一聊一个通宵，那多快乐啊！每个时代都不一样。你说想和我交流，没有问题，但是我不太上网，我只用电脑处理电子邮件，但从来不会网上聊天，也不开博客。

听众：熊老师，您既是作家也是诗人，我想知道诗歌在您的生命中是什么地位，还有您对中国诗歌的发展怎么看。

熊召政：1996年，作家出版社出了一套我的作品自选集，其中有一本诗选，叫《南歌》。我为这本诗选写了一个自序，标题是《诗在心灵中的位置》。从这个名字，你们可以看到我对诗歌多么钟情。在《张居正》获得茅盾文学奖之后，不少记者问我一个问题："你还写诗吗？"这是一个非常简单的问题，可是我却感到不太好回答。这个问题跟你问的差不多，我回答一个记者说："我之所以写历史小说，是因为我认为文学的最高境界就是史诗。作为一个诗人，能写出史诗性的作品，那该多么快乐啊！当然，我不见得写得出史诗性的作品，但这却是我的文学理想。这个时代可能不需要诗，但是我的生命一天也不能离开诗。一个没有诗的激情的作家，在我看来，他便缺乏一种人文的东西，他的作品不会产生感染力。如果我们整个的时代没有诗，那么这个时代就没有制约铜臭的力量。所以我认为时代的健康发展，既要有众星捧月的大商人、企业家，也要有孤独的但受人敬仰的诗人存在，这才是正常的。"

听众：我想问三个问题。第一，对您影响最深最大的是什么书、什么人？第二，您觉得您现在文章最大的特点是什么，也就是您最得意的地方是什么？第三，您在写作中遇到的最大问题是什么？或者可以说您给希望从事创作的人，给初学者有一个什么样的建议。

熊召政：第一，影响最大的一本书，我真不好说，但是如果说影响最大的几本书，我还可以说。唐诗、宋词，《楚辞》《悲惨世界》等对我的影响都很大，包括大仲马的《基度山伯爵》对我的影响也很大。大仲马编故事的能力非常强，这一点值得我们学习。还有将文学推到极致的屠格涅夫，他的《猎人笔记》对我的影响也很大。

第二，我最得意的地方，就是我始终没有放弃忧患意识，没有放弃我为这个民族思考的责任。

第三，我写作中最大的苦恼，就是故事的生动性和思想的深刻性不能有机地融合。

第四，如果给有志于文学创作的年轻人提一点建议的话，我认为最重要的就是坚持，我是经历了多少次退稿，多少次被人误解而走到今天的。现在我坐在这里跟同学们交流，你们觉得我成功，其实我生命中的大部分时间是以失败者的身份生活着的。

听众：前一阵子，文坛巨匠巴金先生去世了，作协提出要设巴金文学奖，您又是一个文人作家，对设不设巴金文学奖应该有自己独到的看法，想听一下您的看法。

熊召政：巴金作为一代文学巨匠，以他的名义设奖，以他个人的影响力、威望，是完全应该的。但是他的家属提出来不同意设这个奖，我觉得也是应该充分尊重的。因为现在的确奖项太乱。即便是一些权威性的大奖，评出的作品质量也参差不齐。巴金的家属不愿意在这个时候出来凑热闹设奖，的确是明智之举。

听众：熊老师您好，您对余秋雨的散文怎么看？

熊召政：余秋雨的散文，在中国文学界应该是一道亮丽的风景。余秋雨对于文化散文做了很有贡献的探索，他的文章写得非常有特色。

听众：熊老师，您好。我们知道这几年来中国一些文学新人比如说韩寒，对学生的影响很大，您对以韩寒为代表的文学新锐有怎样的看法？中国的传统文化对中国未来的文学发展会产生什么样的影响？

熊召政：我认为作家是不分年龄大小的，有志不在年高嘛。韩寒他们对于文学的理解，显然和我们这一代人对文学的理解隔得比较远。学生们很欢迎他们的作品，这是一种新的社会现象，我们不应该去反对这种现象。我们还应该观察一下，因为文学最终取决于生活的积累以及理解。韩寒现象究竟是快餐文化，还是文学的转变呢，现在还不能下结论。但是我对这些年轻人的才气，以及他们进入文学的勇气和方式，表示敬佩。

你的第二个问题，中国传统文化对中国未来文学发展会产生什么样的影响。我们回避不了历史给我们生活打下的烙印，今天有那么多的人喜欢历史小说，这是因为中国是一个历史悠久的国家，也有那么多人喜欢校园青春派的小说，这是因为我们的现实生活灿烂多彩。所以我相信未来的文学，应该比现在更辉煌，传统文化的回归会比今天的步伐更快。

2005年12月16日

在华南理工大学的演讲

# 禅是中国的智慧

一

很高兴净慧老和尚能邀请我来到这里，与参加夏令营的诸位同修进行一次交流。我曾于前年出版过一本《廿八年访禅记》，以书法和诗词的形式，记录了我自1980年以来在各地寺院中访禅的经历。识见肤浅，但反映了我的心路历程。我今天要对大家讲的，是我参禅悟道的一些体会。

现在讲第一个问题：人为为伪，人弗为佛。

"伪"是单人旁一个为什么的为。"佛"是单人旁一个弗，这个弗在中国古代的意思是不，不要。这句话是说：凡是人想要的，不合道的事情就是伪。凡是人不要的东西就是佛。

我是1992年上九华山的时候，看到一副刻在石头上的对联，而想到这两个字的。这副对联就是地藏菩萨有名的誓言："众生度尽，方证菩提；地狱未空，誓不成佛。"意思是说，只要地狱里还住有魔鬼，我就不会成佛；只有芸芸众生都得到了菩萨道，才证明菩提心法的伟大。我当时在石头前看到这副对联，很是惊讶，同时我又想到了另外一句话："无产阶级只有解放全人类，最终才能解放自己。"这是共产主义的创立者马克思的名言。为什么这两句话有异曲同工之妙？我们信仰马克思主义为什么不能信仰佛教？他们在最根本的问题上是一致的，是要把魔鬼改造成正常的有善根的人。让所有的人得到善报来证明菩提世界的存在，这个菩提世界不就是我们的共产主义社会吗？在这个石头跟前，我悟出了这样一个道理：我们的佛教不仅仅是出世的，更是入世的。这也是净慧老和尚说的生活禅的主要内容，不要离开自己的生活去寻找什么禅机。

　　为什么我又想到伪呢？所谓伪，一定是我想要的。人所想要的东西是后天的生活给予的价值取向，一定不是先天的。人一生下来的时候对世界是没有任何要求的。这个状态就是佛家说的"如"。刚才我向净慧老和尚请教的时候，说到真如禅寺的如。如就是出生婴儿的状态，无意识，受、想、行、识这一切对他都是不存在的，这种状态就是佛的境界。

　　佛家称人的思想活动为念头。这念头又分正念与邪念。人生下来后，就必然要接受逻辑的训练及后天给予的价值上的判断。什么叫逻辑训练呢？是我们每一个人都要接受的。比如，小孩生下来就得吃奶，不吃奶就会饿死，这是第一个逻辑；然后要吃有营养的东西，奶粉里配鱼肝油让他消化更好，这是第二个逻辑；蹒跚学步时又告诉他，冬天要穿棉鞋，雨天要穿胶鞋，这又是一个逻辑。人在成长过程中接受了无穷无尽的生活逻辑，每一个逻辑都促使孩子成长、成人。这里面有些是生活的本能，是必须遵循的。有些则是生活的邪念对他的控制。比如说当今社会的拜金主义流行，一些家长就拼命向孩子灌输，长大后一定要学会赚钱。因此，能够多赚钱的知识受到热捧，这就导致高中毕业上大学一定要读那种能够赚钱的专业。今天很多学生的目标是北大、清华，因为这样的大学出来好找工作，好挣钱。这就是给孩子一个逻辑，把自己被蒙蔽的心再传授给下一代，这就是邪念的延续。过去有一种观念叫"读书做官论"，今天变成了"读书赚钱论"，从一个邪念到了另一个邪念。用佛家的话说，这就是"伪"。伪的事情多了，社会就不安定，人心就受到蒙蔽。这些伪的念头一直在我们中间生发，这是一股强大的世俗的力量，也是人类在生存发展的道路上受到的挑战。地藏菩萨说"众生度尽"，这个度，讲的就是把人心从邪念中解放出来。

大约在公元前4世纪的时候，大思想家庄子第一个看到邪念对人的毒害。有一天，他在路上看到一户人家在打井。第一个人说地下有水。第二个人要用打井的方法把水取出来。第三个人就考虑怎么打这口井。他想的是造台阶一步步下去，把水提起来。第四个人觉得造台阶太费事了，他设计打一个圆井，用系绳的桶把水吊起来。第五个人在第四个人的基础上又进行了改革，他造了一个辘轳，节省了劳力提高了效率。庄子看到一个取水的过程，从打井到制造辘轳这一个人类智慧活动的过程，便感到了恐惧。他觉得人类开始有机心了，用机械的力量来补人力之不足，长此下去，人心就会趋利、趋巧。客观地说，机心的出现，既是人类文明的曙光，也是人心向恶的开始。人类从发明辘轳开始，依靠这种机心，走上了科技发展的道路。科技是一把双刃剑，它既发明了电脑也发明了炸毁广岛的原子弹。我曾说过，对于生活来说，科技是人类的福音，对于人心来说，科技又是一场瘟疫。现在，人类享受并依赖科技，却没有一点批判精神，这是很危险的。

佛祖不要人类走这一条路，不要人类培养机心，或者说不要从机心中生出邪念。自从机心出现之后，佛和伪的斗争就开始了。由机心而产生知识，由佛心而产生智慧。庄子为了不让自己的学生有机心，常常进行一些寓言式的说教和启发。有一次，他带着学生从山中走过，看到一棵大树倒在地上，他对学生说，你们不要做朽木，朽木烂了没人管。学生们说知道了。接着又看到一棵参天大树，有几个人在砍伐它，准备搬回去做房梁。庄子又说：你们不要长得像这棵树一样又高大又强壮，长成栋梁就会被人砍伐。于是有一个学生问他：朽木被人烧掉了，栋梁让人砍伐了，那我们该怎样做呢？庄子说：既不做朽木也不做栋梁。庄子讲的是生活的智慧，还不是佛的境界，是伪和佛中间的状态。庄子讲的是入世与出世的技巧，他的思想与老子异曲同工，最后产生了中国的道家的智慧。

机心、佛心、道心，就是佛和伪的关系。机心积极入世的态度，衍生了人类的科技文明；道心培植了入世、住世的智慧；佛心让人回到观照心灵的真如状态。

中国的儒家学说是讲入世的智慧，换句话说，是善用机心。几千年来，中国人一直在这三条路上选择前进，一直到唐代，才既融合中国道家智慧，又吸纳印度佛教最妙不可言的一部分，从而创立了中国禅宗。我第一次接触禅宗，大约是三十二年前，读《金刚经》《心经》《六祖坛经》，看到一些公案，却不知所云。想一想那时候真是可笑，我不知道什么叫善知识，什么叫大智慧。直到有了一些阅历，接触了很多高僧大德之后，我才慢慢尝到了"弱水三千，只取一瓢饮"的甜头。

阅历学养这四个字，是两个词语。首先说阅历，阅是靠眼睛，历是靠身体。这么多年来，夸张一点说，我阅人无数。我同杀人犯睡过一个床铺，也同被通缉的战犯喝过咖啡。我见过像薛仁贵一样睡寒窑，最后为大家所景仰的人，也见过捡破烂的人成为亿万富翁。当然，我也见过吹牛拍马的人成了大人物。智利有个得诺贝尔奖的人叫聂鲁达，我三十多岁读他的诗，读到这样两句："我到过一个又一个城市，同一个又一个陌生人握手。"我看了就说，这叫什么诗啊，就两句大白话，有什么意义呀！陌生的城市，陌生的人，当所有的陌生都变成了熟悉，这就是阅历。十几年后，我走过一个又一个城市，认识了很多陌生人，我才理解这两句。现在的年轻人看到这两句诗，可能还是觉得它平淡无奇。其实禅和智慧就是平淡无奇的，但是没有充分的阅历学养，就没有办法理解它。像赵州和尚的"吃茶去"，以及历代大宗师们留下的公案，没有阅历与修养的人读它，会觉得如坠云里雾中。有的大宗师说禅不假借文字，而是直指心性。这不是说禅排斥文字。我是作家，一辈子同文字打交道。应该说，我是知道文字的表现力与局限性的。我们的汉字产生于逻辑，因此它在表现逻辑或感情的时候，可谓得心应手，游刃有余。但禅不是逻辑的产物，是逻辑之外的世界，因此用逻辑规范的语言，没有办法把禅活泼的意义加以理会与阐释。在座的修行的人，有时候应该会产生这样一种感觉，就是你忽然明白了某种禅的奥义，但无法用语言表述出来。这就说明，我们没有办法用语言完全表述禅的精神状态。

自从禅宗出来之后，中国人就开始禅佛并称了。禅即佛，佛即禅。由此可见，禅是排斥伪的。我们称一些高僧大德为善知识，这个定语下得好，既有善知识，就必然有恶知识。知识是逻辑的产物，它既产生科技，也产生智慧。既然是智慧，就一定是善的。知识就不一定了。我个人认为，凡是造福于人类，拯救人心的，就是善知识。反之，就是恶知识。

二

第一个问题讲了这么多，无非是想让大家明白，什么叫佛，什么叫伪。现在，我给大家讲第二个问题：政治救世，宗教救心。

政治救世，宗教救心。要理解这八个字首先要理解"世""心"这两个字。这两个字同《心经》中的"色""空"一样，既是两个概念，也是一个概念。"色不异空，空不异色"讲的就是不二。世与心也是不二的。我们说人心不古，世风日下。凡是世间乱糟糟，首先人心也是乱糟糟的，没有说人心很纯真，而世间乱糟糟的。心引领着我们的生活，也引领着我们的感情。

我那一年访问印度，新德里大学的哲学教授向我提出一个很尖锐的问题。他说：你是中国的作家，马克思主义在全世界遭到毁灭性的打击，你认为中国还能坚持多久？他问题的前提是，马克思主义是反宗教的。我略微思考了一下，回答他说：我到印度来是作为佛教徒回到精神的故乡，像远方的游子寻找母亲一样。可我这个游子非常失望，向全世界输出了佛教文化的印度，十三亿人口中却只剩下九百万佛教徒。而在我们中国，佛教徒多得无法统计。我的母亲一字不识，对佛教的虔诚却令我感动。正是因为她的言传身教，我也成了一名虔诚的佛教徒。到印度后，我始终在想一个问题：一个输出佛教文化的国度为什么佛教如此凋零？同样，去年我到德国，这是马克思的故乡，我遇到同样的困惑。为什么输出马克思主义的国度不信马克思？两个精神与思想上的巨人，释迦牟尼和马克思，在自己的国度都没有得到充分的尊重，反而在我们中国成了两座文化思想的高峰。阿育王把佛教送到中国之后，经过一千年的争斗摸索，中国人终于找到了禅，佛教在中国生存的土壤就是禅。中国以巨大的文化消化能力，用近乎千年的时间使佛教成为中国的国教。在这个过程中，有暴戾的皇帝杀死和驱赶许多佛教徒，也有非常虔诚的皇帝在全国到处建立寺庙，甚至把自己的庭院捐献出来。曾经有"南朝四百八十寺，多少楼台烟雨中"的欣欣向荣的佛教盛世，当然我们也有寺庙被毁、经书被焚的惨痛记忆。但是，释迦牟尼在印度创立的佛教最终在中国被完全消化。由此我想到马克思，我们中国引进马克思主义到现在还没有一百年。我们翻译马克思主义经典，就像当年玄奘、鸠摩罗什、道信等高僧翻译佛教经典，一代代的文化人与殉道者，都在努力地将这个世界上最美好的思想、最纯粹的宗教引进到中国。这是中国的优良传统在不同领域的共同表现。中国的共产党信奉马克思，而中国的国民党则镇压马克思主义者。在水火不容的斗争中，我们有多少烈士出现？他们跟当年为佛教献身殉道是一样的，都是为自己的文化理想而奋斗。你们为什么不用更长的时间来看中国社会主义体制的发展，而要这么匆忙地预示马克思主义的失败呢？你们忘掉了释迦牟尼，中国人花了近千年才接受并把他敬奉到至高无上的位置。同样，再过几百年，我们的后代，到德国去找马克思可能找不到，但他会在中国找到。中国是一个伟大的国家，它会把全人类伟大的知识变成适合中国生长的精神与文化的资源。我这段话说完的时候，那位教授说，我从来没有从文化的角度理解这个问题，你今天的话给了我很大的启发。

我今天这样说，大家觉得很突兀，你怎么把马克思和释迦牟尼摆在一起？实际上，我们从更高层次上看人类活动的轨迹，一定要看到世间法和出世法之间内在的联系。凡是伟大健康的，改变了人类生活方向的智者、圣人、贤人，我们都要敬畏、崇拜。一个观点的提出和一个观念的解决，是需要时间的。最终，马克思主义在中国一定不是原汁原味的，一定是经过改造的，适合中国人的文化胃口的，像中国川菜、粤菜、潮州菜、淮扬菜那样，而不是汉堡包。对比印度佛教的式微，我更加热爱中国的传统文化。所以净慧老和尚说佛教文化要与中国文化相结合，这是非常智慧的命题，也是唯一的方向，是佛教走入当今的不二法门。

无可否认，宗教本身也有很多问题。不要认为宗教全部都是善知识，也有恶知识在起作用。宗教作为人的精神支柱，这个支柱会不会有蛀洞？我们在修复社会种种漏洞的时候，首先要修复自己身上的蛀洞，用什么来修复自己呢？这也是一个值得探讨的问题。

前不久我到北京，和央视的一个制片人谈话，他邀请我做一个佛教的大专题片。我们谈到了西藏的密宗。他说你知道古格王朝吗？那时候的西藏是多么强大富强，就因为引进佛教后变得萧条消沉了。今天西藏的生态，当然不是指自然的生态，而是指人类的精神层面的生态，就是毁于佛教的。如果从今天GDP的角度看问题，我朋友的话无可挑剔。西藏人一辈子积攒到三十头牛的时候，就觉得到顶了，他会给儿子留下两头，卖掉剩下的二十八头去布达拉宫或其他寺庙朝圣，把自己一生的积蓄全部献给寺庙。我们站在西藏人精神世界的门外，当然看不懂这种奉献的精神，会觉得他们是傻瓜。但换一个角度看，我们应该思考，为什么佛教会有这么大的力量，把一个英勇善战好强好斗的民族，变成这样静穆淡泊？佛教的力量不在于它能造出原子弹，造出世界上最先进的武器，佛教的力量在于培养自己的心灵。

所谓政治救世，就是这个世界事务上的管理责任，应该由政治家来承担。政治家救世的最好法宝，就是民主与法制。但是，"人不为己，天诛地灭"，受欲望的驱使是人的本性。个人利益与国家利益，往往导致族群与世界的纷争。说到底，就是一个人心的问题。政治解决世界的问题，宗教解决人心的问题。这个分工不是人为的，而是天意。

那年我到印度加尔各答的时候，便想到恒河里沐浴一次。加尔各答是恒河的入海口，佛教徒把恒河称为圣河，在那里沐浴一次相当于朝圣。但当我来到河水边时却惊呆了：一是在里面沐浴的人很多；二是河水臭不可闻，漂浮着很多垃圾。自然界的恒河已经不是释迦牟尼时代的恒河了，地球上的高碳生活快速发展，加之印度在发展中保护生态不力，恒河成为世界上污染最严重的河流之一。我想，当年的恒河一定是清澈见底的，像我们九寨沟那样美丽纯净，河水是可以直接饮用的。现在这么脏的水怎么沐浴，只会让自己的皮肤得病。近年来世界各地经济的高速发展，多是以生态破坏为代价，对财富的渴望导致GDP万岁，人类向地球加倍地索取，然后和它一起毁灭。这是执迷不悟的人类造成的恶果。

最近有一篇文章说，大物理学家霍金说地球还能生存两百年，他不是危言耸听。恒河已经不能让我们佛教徒沐浴其中得到洗礼了。当到处不能洗礼的时候，我们就只剩下一颗心了，这是最后的防线，也是人类不可摧毁的堡垒。从这一点上说，西藏地区虽然落后，但西藏人是干净的，他们是真正的大智慧。大智慧就是无为而治，就是天人合一的和谐社会。所以我说一个拥有宗教情感的人，你接触他就会产生欢喜心。一个有着宗教情感的地区，连商人投资也会多一些，为什么呢？没有车匪路霸，很少尔虞我诈。一个有着宗教情感的国度，你会感到那里是宁静祥和的人间乐土。现在，中国正在建造这样的乐土。在建造的过程中，禅的智慧应该发挥更大的作用。一个人达到了真如境界，那他就是佛了。一个国家如果达到了真如境界，那就是佛国了。

# 三

第二部分讲完了，诸位也许会问，宗教救心既然有当下的意义，那么禅学在当下的实际意义又是什么呢？这就是我要讲的第三个问题：我心即佛，生活即禅。

对于每一个佛教的修行者来说，有两句话耳熟能详。第一句是众生即佛，第二句是我心即佛。这两句话指向不同，但意义却是一样的。众生即佛是针对宇宙，也就是我们通常所说的大千世界而言。在这个世界上，凡是有生命的东西，无论是草木、禽兽还是人类，都涵养着佛性。而我心即佛则是对自身而言。每一个人心里，都闪耀着佛的灵光。只不过后天的机心生长，使佛性受到了蒙蔽。要想把这蒙蔽，也就是伪装的东西去掉，除了修行，并没有便捷的道路可行。换句话说，要达到"我心即佛"的境界，修行是不二法门。

那么，当下修行的法门在哪儿呢？我个人认为，净慧老和尚的"生活禅"便是现代禅修者的不二法门。

十年前，净慧老和尚在担任河北柏林禅寺方丈的时候，提出了"生活禅"的概念。经过多年的实践，生活禅为当下的禅修提供了方向。从这个意义上讲，生活禅是禅宗发展到当下的大智慧。我在这儿念一下净慧老和尚给生活禅下的定义：所谓生活禅，即将禅的精神、禅的智慧普遍地融入生活，在生活中实现禅的超越，体现禅的意境、禅的精神、禅的风采。提倡生活禅的目的在于将佛教文化与中国文化相互熔铸以后产生的具有中国文化特色的禅宗精神。这段话有三重定义。第一，佛教文化与中国文化结合，但这个结合不是物理的焊接。老和尚用了"熔铸"两个字，首先把两种文化熔成一体，用最高的温度把它浇铸起来，再也看不出来哪一个是佛教哪一个是中国传统文化，一个全新的生命体出现了，这就叫熔铸而不是焊接。第二，属于我们这个时代的禅宗精神，一定不是唐的精神、宋的精神、明的精神，而是扎根于当下的土壤。第三，禅的智慧不是冥思苦想的产物，它应该在随处可见的生活中提炼。禅不是玄妙的，而是平常的。它不是世俗的，但不离世俗。净慧老和尚提出当下的禅宗精神，并看准了方向，这一点非常难得。第一是在知的层面说生活禅。第二是在行的方面来运用生活禅。知行合一嘛。第三就是修习生活禅要达到的目的。关于生活禅的当下作用，净慧老和尚说："在人间的现实生活中运用禅的方法，解除现代人生活中存在的各种困惑、烦恼和心理障碍，使我们的精神生活更充实，物质生活更高雅，道德生活更圆满，感情生活更纯洁，人际关系更和谐，社会生活更祥和，从而使我们趋向智慧的人生，圆满的人生。"我要告诉诸位，没有丰富的阅历、浓厚的学养、虔诚的佛教情怀，是写不出这一段话的。这一段话是生活禅的全部含义。

关于生活禅的修习，净慧老和尚总结归纳出四句口诀："将信仰落实于生活，将修行落实于当下，将佛法融化于世间，将个人融化于大众。"这四句话，前两句是讲落实的，后两句是讲融化的。落实就是要产生定力，融化就是要生出智慧。下面，我按我的理解，解释一下这四句口诀隐含的意义。

第一，将信仰落实于生活。《心经》中讲"色不异空，空不异色"。这个"色"实际上就是我们每个人的日常生活，要在生活细节上贯穿自己的信仰。说来容易，做起来很难。很多年前的一天，我和太太牵着儿子到商场去买东西，过天桥的时候，看到一个老人伸着手乞讨，我走过去了，儿子把我拉住说这个老人很可怜，你给他一点钱。我觉得孩子的慈悲心非常好，我给了一点钱。我回头把这个故事讲给另外一个同事听。他说你给了也白给，那都是骗人的，他一天收入比你还高。我当时就想到分别心。我的同事首先想到这个世界是坏的，这个世界有很多人在行骗。我则不这样认为。我不管别人是否欺骗，我自己始终要以慈悲待人。这就叫把信仰落实于生活。在这一点上孩子比我们大人做得好。做善事、以诚待人是孩子的天性。大人因为在生活中受到的污染太多，变得世故了，防范心重了。如果不摒弃这种状态，信仰就无法落实到生活中。

第二，将修行落实于当下。做到这一点，要求的是定力，即抗拒诱惑、排除干扰的能力。做到这一点很难。十几年前，我几个朋友到海南度假，那时我是一家高尔夫球场的董事长。几个朋友约好在机场会合，还有半个小时飞机起飞。其中一位朋友是证券公司的董事长，他的电话忽然响了，他接了电话后几乎从椅子上跳起来，一边打电话一边对我说："我要走了。今天下午，行情突然启动了。"我让他坐下来，他说我不能放掉赚钱的机会。我看他态度坚决，于是大声说了两个字："放下！"他一愣，坐下来了。他说："我可能损失两个亿。"我说："两个亿就值得你面目全非了？"我给他讲了袁中郎的故事。公安三袁中的袁中郎在北京当官的时候，在户部当一个主事，当了三年就坚决不干了。他给父亲写了一封信，大意是在京城的人大多趋名如蚁，趋利如沙，这些人走在名利的路上，是烦忧多于快乐。一个修行的人，一旦认识到这个问题，就要当机立断，迅速同这种烦恼告别。所以说，当下这个概念，对于修行者特别重要。

第三，将佛法融化于世间。这是积极的修行方式，俗世中的法则和修行人的法则完全不是一回事。那次我到真如禅寺，看到一条流水，看到虚云老和尚的一首诗，我突然明白了什么叫住。一个人想成为一个智慧的人，他一定不能住下来。什么叫住？住在某一个地方叫住，住在某一个价值判断里也叫住，住在某一个理想上也叫住。比如说，我发誓这辈子要当一个亿万富翁，这个观念形成了要去实现它，你的心便住下来了。住在这个观念里面，不管世界怎么变，人生有多少悲剧，你都不肯回头，让心住在某一个地方不走。出家人不关心世间的事情，这个观念几乎所有的出家人都会有。但是，不关注于世间，我们的佛法就无法对世间产生影响。毕竟佛不能只在寺庙中流行，那样，佛教就不是人间的佛教了。让佛的思想同世间的价值判断融为一体，最终影响人的社会行为，佛教才起到真正的作用。

在今天，怎样让禅宗走出寺庙与世间相融合，这是一个新课题。当年老和尚提出禅宗夏令营的时候，我知道这是用世间法来解决佛教的问题。最终，生活禅想解决的问题，不仅仅在寺院，更重要的是在世间。这是一个方法论，亦是禅宗在当下世界的明智选择。

第四，将个人融化于大众。这里讲的是个人的修行态度。修行的人，有了一定成就之后，往往自视甚高，觉得自己的智慧比周围的人高出许多，但他们却忽略了大众是你生活的族群，亲情友情都在里面。放下身段，以平常心与平等心去对待身边的人，就会发现他们身上闪射出来的佛性的光辉。如果不与大众结合，只管自己的修行，这是佛教中的小乘，它的最高果位是罗汉。修到罗汉，离佛的境界还远着呢！小乘就是讲个人修行，大乘是大家修行，众生是大乘。如果过分强调个人，那就不是地藏菩萨的境界了，也不是马克思的境界了。佛的境界，就是永远不舍弃大众，用自己的慈悲去温暖人间。

生活禅不全是出世，它既讲出世也讲入世，既讲情操也讲情怀，既讲怎么做人也讲怎么做事。不是说一定到庙里才能修习禅的奥义，它是把禅宗里最活跃的智慧运用到日常生活之中。我前面讲过，这么多年阅人无数，经历过这么多波折考验，我懂得了佛是信仰而不是迷信，佛可以救我们的心，如果你掌握得好也可以救世。在过往的历史中，佛有的时候是政治，有的时候是宗教，就看时代的接口在什么地方。每一个人与社会都有一个对应于宗教的接口。当下佛教与社会的接口，生活禅是一个便利法门。禅虽然是从印度引进的，但它早已成为中国的智慧。它在每一个时代都有不同的应世方法。在当下这个时代，生活禅的意义才刚刚开始。

在黄梅四祖寺禅修夏令营的演讲